あらゆる願いを叶え癒やしてやるぞよ

天岩戸「さとりゲート」をひらけ!

Fulfilling all wishes and healing

[著]有野真麻 Maasa Arino
[監修]白峰(中今悠天) Shiramine

日月地の龍王　光彩書画　白峰先生　作品

はじめに

あれは忘れもしない、2023年1月23日のことです。な、なんと、朝起きると、僕の両足はパンパンに浮腫《むく》んでいました。「そのうち治るだろう」と氣楽に考えていたら、ますます、僕の両足は浮腫むばかりでした。

やがて、お腹もパンパンに浮腫み始め、体重はいきなり9キロも増えるし、おかげでズボンは穿《は》けなくなるし、夜も横になると呼吸ができなくて眠れないし、階段を一段上がるだけで息切れするし……。

さすがの僕も「これはただごとではない」と感じて、浮腫み専門のクリニックで検査してもらうことにしました。

すると、「急性心不全（拡張型心筋症）」という予想外の診断が下されました。たまたま、その先生は心臓の専門医でもあったのです（でなければ、見過ごされていた可能性も大いにあったでしょう)。

僕の心臓は肥大し、一般人の半分も心臓が働いていないと言われました(ちなみに、心不全の5年生存率は50%前後だそう)。

そのために、僕の両足やお腹には9キロもの水が溜まって、浮腫んでしまっていたのです。

心臓のパフォーマンスが下がると、身体全体のパフォーマンスが下がります。その結果、腎臓のパフォーマンスも下がり、身体からオシッコとして水分を排出できなくなったため、浮腫んでしまったというわけです。その後、点滴2本の打ちっぱなし、心電図モニターの電極を5か所に貼り付けられた状態での入院生活に突入。色々な検査もしましたが、中でも首と手首から管を心臓まで挿入する「心臓カテーテル検査」は2時間半にもおよび、注射嫌いで痛みに敏感な僕には、特に厳しい修行となりました。

今まで当たり前にオシッコができていたこと、当たり前に呼吸ができていたこと、当たり前に歩けていたこと、当たり前に食事ができていたこと、当たり前に会話ができていたことに、僕はものすごく感謝しました。もちろん、今日まで何十年もの間、1日24時間、休むことなく働き続けてくれていた心臓さんにも、ものすごく感謝しました。

僕は、今日まで大いなる命《いのち》に生かされてきたのです。

すると、予想もしなかったような展開が……。な、なんと、その大いなる命は、あっという間に、僕の急性心不全を完治させてしまったのです。しかも、徐々に病氣が良くなっていくのではなく、僕の身体は一瞬で見違えるように元氣になって、完全復活へと至りました。まったく、あり得ないような奇跡でした。


その復活のキーワードが、本書に登場する「悟《さと》りゲート」です。


それは肉体面に限りません。人生におけるすべての幸福の源泉が「悟りゲート」なのです。詳細は本文に譲りますが、「悟りゲート」から溢《あふ》れ出るエネルギーは、あなたの人生を根こそぎ変えてしまいます。今までその存在に氣づかず、使えなかったエネルギーを使えるようになるのですから、人生も異次元レベルにアップするに決まっているのです（笑）。

そんな奇跡の完全復活を果たすまでの、僕のスピリチュアルな旅と発見を、書き記したものが本書です（本文中に「神さま」という言葉が出てきますが、僕の定義は命＝神さまです）。

この本からは、復活、再生、再起動のエネルギーが溢れ出ています。そのエネルギーが読者の皆さんに伝わり、読者の皆さんから周囲の人々に伝わって、燦燦《さんさん》と光り輝く世界になることを願っています。

きっと、皆さんの命と人生を輝かせる、宝物のようなヒントが、本書の中にいっぱい隠されていることでしょう。

ぜひ、あなたの宝探しを楽しんでみてください。

目次

第一章　スピリチュアルな旅と発見のはじまり

第三章　秘伝書に予言された楽禅ヨガ

第四章　安心感と至福に包まれる「さとり」

カバーデザイン　森　瑞（4Tune Box）
本文仮名書体　文麗仮名（キャップス）

第一章

スピリチュアルな旅と発見のはじまり

あらゆる願いを叶え癒してやるぞよ

さて、心不全という症状と一生付き合う羽目となり（基本的に、心不全は治らないとされています。心臓の細胞は、生まれた直後からほとんど分裂せず、増えないからだそうです）、常に、死と隣り合わせの人生を歩むことになった僕は、「生死を超えた価値のために生きたい」と強く願うようになりました。

私たちは健康になるためだけに生まれてきたわけではありません。それなら、最初から病氣のない世界を創造したらよかったわけで、人生には健康以上に大事なことがあるはずなのです。

それに、輪廻転生は確実に存在すると思っています。

輪廻転生《りんねてんしょう》は確実に存在すると思っています。たった一度きりの人生ならば、わがまま放題、悪事もやりたい放題で生きてしまうからです。

でも、ほとんどの人がそんなことをしないのは、魂の底で輪廻転生の存在に氣づいているから。ならば、何度生まれ変わっても消えない価値のために生きたいと、僕は切実に願うようになりました。

そんな思いが日に日に増しつつあったある日、ふと、僕の脳裏に「犬鳴山《いぬなきさん》」というワードが、鮮明に思い浮かびました。

ネットで調べてみると、修験道発祥霊山としての裏づけもされつつある、役行者《えんのぎょうじゃ》が大峯山を開く6年前に開いたとされる霊山でした。そのとき、本堂に祀られている「倶利伽《くりか》羅《ら》大龍《たいりゅう》不動明王《ふどうみょうおう》」が役行者の前に出現したそうです。

居ても立っても居られなくなった僕は、翌日、犬鳴山に向かっていました。

犬鳴山はどこか懐かしさを感じる、とても清々しい霊域で、本堂には次のように文章が書かれた掲示板がありました。

倶利伽羅大竜不動明王の御真言「ノウマク　シッチ　シッチ　ソウシッチ　シッチキャラヤ　クエンサンママ　シッチ　アジャヤマシッチ　ソワカ」と、「悉地（シッチ）」の句を六返お唱えしますが、これは眼耳鼻舌身意の六根、すなわち、身体と

犬鳴山七宝瀧寺（大阪府）

心のあらゆる願いを叶え癒してやるぞよとの、誠に有難い意味でありまして、悉地とは、願望成就円満の意味であります。一心に大竜不動明王の御真言をお唱え申し上げお祈りください。必ず願い事は成就し叶います。

その前日、歯科医の弟から「心不全にはクエン酸がいい」と電話がありましたが、この御真言にも「クエンサン」という言葉があり、思わず、そのシンクロに笑ってしまいました。

「あらゆる願いを叶え癒してやるぞよ」なんて、とてつもなくパワフルな神さまだし、「必ず願い事は成就し叶います」と、断定表現で自信満々の保証までしてくださっているのですから、なんと頼もしい神さまでしょうか。

そういえば、大阿闍梨《おおあじゃり》の松永修岳氏いわく「神仏の世界に如来、菩薩、明王などのランクがあるように、実は、龍の世界にも、倶利伽羅龍、八大龍王、水龍などのランクがあって、その最上位が倶利伽羅龍だ」と。

氣づけば、僕は護摩祈願まで申し込んでいました。

我が人生、我が命のすべてを、神さまの御用に使ってください。そんな祈りがふつふつと湧いてきました。ただただ、大いなる命に生かされていることに、恩返ししたいと思ったのです。

倶利伽羅《くりから》龍王からのインスピレーション

その時です！

「よし、分かった！　これから先、お前さまの身体を使わせてもらうが良いか？」と、突然のインスピレーションあり！　思わず、僕は「はい！」と即答していました。

伝説の我が太極拳の老師は、「自我が消えた分、氣というエネルギーが入ってくる」と言いました（補足参照）。なんと、心不全になって自我が消えた僕の身体に、倶利伽羅龍王というエネルギーが入ってきたのです。

補足

太極拳老師との運命的な出会いにより、合氣道をはじめとする氣功武道の不思議な力の秘密を悟って以来、僕は力を使わずに相手を飛ばしたり、相手の力を無力化することが、自由自在にできるようになりました。

それは手を使わなくても、肩でもお尻でも身体のどの部分でもできるのです。

その体験は『幸せ体質になる！　気のプライベート・レッスン』（ＢＡＢジャパン発行）『願わなければ叶う5つの真実』（コスモトゥーワン発行）という著書にもなりました。

ちなみに、日中国交回復を実現するために、わざわざ老師のもとにT元総理が訪ねて来られたことがあったそうです。

また、「氣」とは、命のエネルギーのことです。ヨガでは「プラーナ」、チベット密教では「ルン」と呼ばれたりしますが、両方とも「風」を意味する言葉です。
スピリチュアルでは、「土」の時代から「風」の時代になったと言われたりしますが、モノが主だった「土」の時代から、その奥にある見えない「風」、すなわち、「氣」の時代になったということでしょう。

しかも、その同時刻に、国家風水師の白峰先生から（補足参照）、次のような意味深なラインが入っていました。
「いずれ国の為に働くことになるだろう。実は、お前さまは人間にあらず。龍神だからこそ！」と……。

補足
環境地理学博士、名誉医学博士、環境行動学の大家として知られる白峰（中今悠天）先生は、アセンション、海洋深層水、ロハスなどの火付け役であり、密教（弘）、法華経（観）、神道（道）を統合した「弘観道」の第48代継承者でもあります。

国体鎮護の国家風水師としては、知る人ぞ知る人物であり、政財界から企業経営者までファンは多く、内外の要人とも交流が深い先生です。

万世一系の弥栄を願う皇道思想家、近未来アナリスト、温泉風水評論家、香彩書画芸術家など、多方面で八面六臂の大活躍をされています。

ちなみに、中今悠天の銘は、当時、昭和天皇の指南役だった三上照夫先生から、天御中主太神の神勅として賜ったそうです。

←は神道研究家の羽賀ヒカルさんと白峰先生の対談動画です。

羽賀ヒカルさんの『[伊勢の神様]秘伝開封』（ヒカルランド発行）と『[出雲の神様]秘伝開封』（ヒカルランド発行）はおススメです（天の理の伊勢と地の理の出雲を、陰陽セットの2冊で出版されていることに、神意を感じます。

合氣道創始者の植芝盛平は、その天地のエネルギーが十字に交差する一点が、『古事記』に書かれた「天の浮橋」であると言いましたが、それは「悟りゲート」のことでもあるのです。「悟りゲート」の詳細は後述します。

国家風水師・白峰由鵬が明かす驚愕の未来

国家風水師・白峰由鵬が語る神社の秘密

修験道では苦しい行で罪を滅ぼし、一度死んだように自我が空っぽになって、新たな力を得て生まれ変わる「擬《ぎ》死《し》再生《さいせい》」が重要だと言われますが、まさに、急性心不全になったことによって、一度死んだように僕という自我は空っぽになったのです。

その空っぽになったスペースに、倶利伽羅龍王という新たなエネルギーが宿ったのだから、龍神が人に生まれ変わったと言えるのかもしれません。中今悠天という銘の「悠」には「みそぎして身体を清める」という意味があります。なるほど、「悠天」とは「擬死再生」を暗示していたのです。

何とも親切な倶利伽羅龍王は、白峰先生を通じてその証しとなるメッセージまで、与えてくれたわけです（このタイミングで、このラインを送られた白峰先生はスゴい。オマケに、「お前さま」という言い方まで、倶利伽羅龍王と同じ！）。

地球の生命エネルギーをチャージし続ける中心軸

さて、倶利伽羅龍王の秘密について、さらに突っ込んだお話をする前に、人間がまだ、二本足で正しく立つことができていないという、驚愕の事実を説明しなくてはなりません。

実は、ほとんどの人は地球の引力が導く方向にズレて立っています。

そのため、余分な力を使い過ぎてしまって、疲れやすくなっています。地球の引力線とのわずかなズレは、身体に想像以上の負担をかけてしまいます。体重という重みの影響をモロに受けてしまうので、その負担を支えるために、筋肉はいつも緊張状態、バランスを補正するために骨格まで歪ませてしまうからです。

こうして氣づかないうちに、身体をいつも緊張させてしまっているわけです。もちろん肩こり、腰痛などの原因にもなるでしょう。肩が緊張して0・1ミリ上がるだけで、どれだけ莫大な生命エネルギーを浪費していることでしょうか。

でも、地球の引力線にピタッと一致して立つことができるようになると、このような氣の浪費がすっかり無くなります。それだけでなく、地球の中心とつながって、そこから大量の生命エネルギーがチャージされ続けるようになるのです。そのとき、身体のど真ん中をレーザー光線のように貫く、体幹よりもっと繊細で緻密《ちみつ》なラインが中心軸です。また、この状態を「中心軸が貫通する」とも言います。

中心軸が貫通すると、私たちは驚くほど美しく、健康になります。なぜなら病氣の治癒やデトックス、健康増進やアンチエイジングに、その大増量した生命エネルギーを使えるようになるからです。僕もそうですが、中心軸感覚がある人はいくら食べても太りにくくなりますし、バレリーナがスリムで美しいのも、この中心軸感覚（地球の引力線に一致した時に生じる、頭頂から糸でピンと吊り上げられ、ハンガーにかかったコートのようにリラックスした感覚）があるからです。

なるほど、倶利伽羅龍王の姿は、この中心軸の貫通を象徴したものだったのです。神さまは、〇人ではなく、〇柱と数えますが、中心軸の貫通者であることを暗示しているのでしょう。

火焔を背負う倶利伽羅龍王さんが、螺旋《らせん》状に「剣（中心軸）」に巻きついて、その剣を飲み込もうとする姿は、まさに、クンダリーニの火焔（倶利伽羅龍王のエネルギー）が、中心軸（スシュムナー管）を突き抜ける表現だと言えるからです。

そう考えると、中心軸はあなたと地球を結ぶヘソの緒と言えるかもしれませんね。ヨガでは、人体の中心をスシュムナー管が通っていて、そこに7つのチャクラもあると考えら

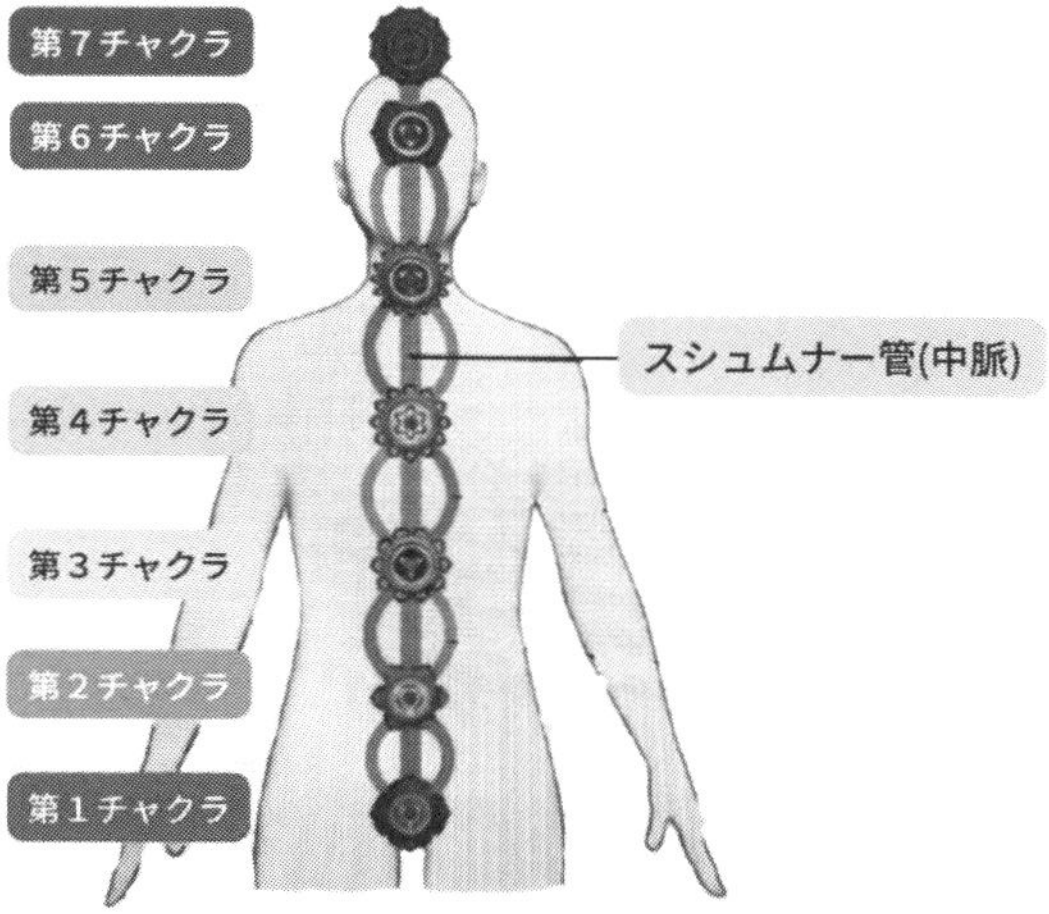
第7チャクラ
第6チャクラ
第5チャクラ
スシュムナー管(中脈)
第4チャクラ
第3チャクラ
第2チャクラ
第1チャクラ

倶利伽羅龍王

れています。でも、ほとんどの人は7つのチャクラが詰まっていて、スシュムナー管がスースーに貫通していないのです。それは地球の引力線とのズレが原因です。このスシュムナー管や、漢方医学における中脈も、中心軸のことです。

つまり、倶利伽羅龍王とは、地球の中心から流れ込む怒濤《どとう》の生命エネルギーのこと。すなわち、地球規模の龍神ということです。

前述の松永修岳氏も次のように述べています。

「龍とのやり取りをしっかり成し遂げるには、自分と龍との間の回路がきちんと接続される状態にならなければなりません。それは、地球が出している『シューマン共振波』という周波数と同じ7・8Hzに脳波を調整した状態です。人の脳波は、リラックスしているときは8〜13Hz（α波）、活発なときは13〜30Hz（β波）など、心身の状態によって周波数が変わることが知られています。そして、7・8Hzこそ、宇宙や地球、龍や神とつながりやすくなる周波数なのです」と。

では、どうすれば7・8Hzの地球が出している「シューマン共振波」に、自身の脳波を同調させ、地球規模の龍神とつながることができるのでしょうか？

倶利伽羅龍王が教える中心軸の秘密

実は、その鍵も中心軸が握っています。

なぜなら、中心軸を貫通させ、地球の中心と結ばれることで、地球が発している「シューマン共振波」との共鳴は可能となるからです（本当の脱力も、中心軸が貫通していなければ、不可能なことです。と言うのも、ハンガーに吊り下げられたコートのように、中心軸にぶら下がることによって、それは実現するものだからです）。

また、この倶利伽羅龍王の姿は、僕が螺旋エネルギーを使って施術する「中心軸氣功整体」の象徴であったことにも氣がつきました。

「中心軸氣功整体」とは、中心軸（スシュムナー管）上の、7つのチャクラの詰まりを一氣に取り去ってしまう、おそらく、世界中で僕以外に誰もできない氣功整体です。

ちなみに、7つのチャクラの詰まりが解消されると、誰でも合氣道の不思議な技が使えるようになって、軽く触れただけで相手を飛ばせたり、相手の力を無力化できるようになります。つまり、7つのチャクラの詰まりが解消された結果として、合氣道の不思議な技が使えるようになっていなければ、7つのチャクラの詰まりが解消されたことにはならない。すなわち、中心軸が貫通したことにはならないということです。

その証拠が、以下のショート動画です。

何だか笑える氣功動画1

氣の力は波のように増幅して伝わっていきます。そのため、後ろにいる人の方がより大きな衝撃を感じます。筋肉の力で飛ばされるとムカッとしますが、氣の力で飛ばされると、何だか笑えてきて、飛ばされるほどに元氣になるから不思議です。

何だか笑える氣功動画２

中心軸が貫通すると大木のようになって、逆に、蹴った人の足の方が痛くなります（笑）。

何だか笑える氣功動画３

この「中心軸氣功整体」は受けた人にも不思議な力が引き継がれるので、僕と同じように不思議な氣の技が使えるようになります。氣功動画3の女性を見れば、それが筋肉の力ではないことが分かるでしょう。

僕自身、誰に教わったわけでもないのに、なぜこんな不思議な氣功整体ができるのか疑問でしたが、やっとその理由が分かりました。単純に、倶利伽羅龍王のおかげだったわけです。

「中心軸氣功整体」では、皆さんが数十年かけて溜め込んだ中心軸（スシュムナー管）上の詰まりを一氣に取り去りますが、一度、詰まりを取ってしまえば、再び、詰まることはありません。何十年もかけて溜めこんだ詰まりなので、同じように詰まらせようと思ったら、再び、何十年もかかってしまいますから。

さて、不思議な物語は続きます。

「九州大学大学院の西田基宏教授は、心筋梗塞後の心不全の発症において、活性酸素が心筋細胞の老化を引き起こす仕組みを明らかにしました。また、温泉などのニオイ分子やニンニクなどの食品の活性成分としても知られている硫化水素が、活性酸素による心筋細胞の老化を抑制する治療効果があることを発見しました」という記事を偶然読んだのです。

ならば、硫化水素がたっぷり含まれた、源泉かけ流しの硫黄泉に入りまくってやろう！

そう思いついた僕は、颯爽《さっそう》と岐阜方面に向かいました。すると、道中に「両面宿儺《りょうめんすくな》ゆかりの地」というでっかい看板を見つけました。

アニメ好きの僕のアタマには、大人氣アニメ『呪術廻戦』に登場する「両面宿儺」と「領域展開」というワードが、即座に思い浮かびました（笑）。

領域展開とは、呪力を流し込んで自身の内面世界を具現化することですが、もしかしたらこの地には両面宿儺の内面世界が具現化されているということなのか。

これは倶利伽羅龍王の導きと確信した僕は、さっそく両面宿儺の謎について調べてみることにしました。

天皇に位を与えた両面宿儺の謎

『日本書紀』には、両面宿儺のことが次のように書かれています。

仁徳天皇の御世の頃（400年頃）のことです。

飛騨に現れた宿儺は、1つの体に2つの顔があり、4つの手と4つの足がありました。

宿儺は、4つの手で弓矢を射ることができ、住民から略奪することを楽しみとしていました。

そこで仁徳天皇は、難波根子武振熊《なにわのねこたけふるくま》を派遣して宿儺を討伐しました。


なんと、『日本書紀』の中の両面宿儺は天皇に反抗した大悪党！　ところが、飛騨地方に残る伝承の中の両面宿儺は、それとは真逆のヒーローだったのです。

飛騨の善久寺には、両面宿儺出現の様子を伝える「両面宿儺出現記」が残されています。

以下、引用します。


仁徳天皇の時代、日面《ひおも》村の出羽が平の山上が大鳴動し、岩壁が崩れて岩窟が生じた。

その岩窟の中から、2面4手4脚、身の丈6メートルの両面宿儺が甲冑を帯び、手に鉞《まさかり》を持って忽然と出現した。

山の畑で仕事中だった村人たちはこれを見て大いに恐怖し、逃げ散ろうとした。

すると宿儺は大声で告げた。

「恐れることはない。我は今、仏法守護、王法一大事のときであるので、この世に出現したのだ。現世に奉仕する者なのだ」。

村人が逃げ惑うなか、1人の男が踏み止まり、宿儺に平伏再拝して、こう述べた。

「尊者の命に服したいのですが、お体が大きいので狭い我が家に招くことができません」。

すると宿儺は印を結び忽然と小身となり十一面観音に変化した。

男はこれを大切に抱いて日面村に帰り、接待したのち、庵を建てて宿儺に仕えた。


な、なんと、両面宿儺はヒーローどころか完全に神さま扱い！　これはいったい、どういうことでしょうか？


飛騨の伝承によると、位山《くらいやま》と呼ばれた山は3つあると言います。

長野県と岐阜県の県境にある乗鞍岳、千光寺のある袈裟山、そして現在の位山。

なぜ位山と呼ばれるようになったのかというと、神武天皇が位山に登山した時、身1つにして面2つ、手足4本の姿をした怪異な神（両面宿儺）が天から降臨し、天皇の位を授けたので、この山を位山と呼ぶようになったと言われています。今でも天皇陛下が即位されるときと、伊勢神宮の式年遷宮のときには、位山のイチイの木から作られた笏が献上されているそうです。

なるほど、この伝承を読んでピンと来ました！

『日本書記』は、天皇家の権威を諸外国に示す歴史書でもあります。つまり、天皇以上に権威ある両面宿儺の存在は不都合だったのです。そのため、真実を隠す必要があったのでしょう。その証拠に、飛騨の伝承の中の両面宿儺は、朝廷から派遣された武振熊とは戦わず、位山に案内して、帰順の意としてイチイの木で作った笏を献上したことになっているのです。

何より、僕が最も重要な情報だと感じたのは、両面宿儺が位山（乗鞍岳）を信仰の山とし、その山頂直下にある権現池（朝日が水面に映る場所）に住民を集めて、日拝（太陽礼拝）をしていたという伝承です。

天皇とは、代々、太陽神霊（天皇霊）が大嘗祭にて受け継がれていくシステムです。そ

して、伊勢神宮の内宮に祀られるアマテラスという太陽神霊は、自然界の太陽の象徴とされていますが、本当は、私たちの命の根源としての霊的太陽の象徴でもあるのです。つまり、自然界の太陽とは、この霊的太陽が物質化したものであり、その物質太陽の奥にある霊的太陽のエネルギーを丹田に取り込み、太陽神霊との合一を目指す修行法が日拝だと言えるでしょう。

やはり、両面宿儺が授けた天皇の位とは、この太陽神霊（天皇霊）のことだったのです。もちろん、両面宿儺が太陽神霊との合一を果たしていたからこそ、神武天皇にその位を授けることができたわけです。

天皇というシステムの創始者が、両面宿儺だったとは……。日拝は、飛騨のあちこちでさかんに行われ、後に、その場所は「日抱《ひだき》神社」という名の神社となって、たくさん残っていたそうです。

また、飛騨を出て行った人々は、自分の故郷を「日抱」をするところ、すなわち、「日《ひ》抱《だ》」と言い、その後、「飛《ひ》騨《だ》」という地名になったとも言われています。

古来より長い間、日拝が行われ続けた場所は、その情報が記憶された特別な霊的空間となっています（補足参照）。

やはり、私たちの命の根源とつながる霊的空間を、両面宿儺は飛騨の地に領域展開していたようです。

補足

生物学者のルパート・シェルドレイク（元ケンブリッジ大学フェロー）が、1981年に発表した「シェルドレイクの仮説」というものがあります。

分かりやすく言うと、自然界には電氣や磁氣や重力以外に「形の場」という未知の力の場が存在していて、宇宙にある形や行動パターンが刻印されると、「形の場」の共鳴作用によって同じような形や行動が起こりやすくなるということです。

身近な例で言えば、陸上競技男子100メートル競走において、10秒を切ることは不可能だと考えられていましたが、1987年に、アメリカのカール・ルイスが9秒93（電動計時）を出して以降、男子の記録はすべて9秒台を更新しています（現在の世界記録は、2009年にジャマイカのウサイン・ボルトが出した9秒58）。

このように、誰か一人がそれまで達成不可能と思われていたようなことに成功すると、その後、続々と成功者が現れる理由を、シェルドレイクの仮説は見事に説明してくれます。

この仮説を元に、イギリスBBC放送局がある公開実験を行いました。

その実験では、最初は何が描いてあるか分からないけれども、見方を変えると意味のある絵柄に見えるパズル絵が利用されました（そのパズル絵にはヒゲを生やした男の顔が隠されていました）。

最初にパズル絵に隠された絵柄を認識できた人は3・9％でした。

次に、パズル絵に隠された絵柄をテレビで放送します。

その番組を視聴した200万人がパズル絵に隠された絵柄を知った後で、この絵に隠された絵柄をまだ知らない人たちに見せたところ、正解率は6・9％に跳ね上がりました。

統計学上、この3・9％から6・9％への上昇は偶然では説明できない数字であり、公開実験の結果は、シェルドレイクの仮説の正しさを完全に支持するものだったのです。

そう考えると、お経を読んだ人に奇跡が起こるのも、そのお経で救われた人たちの霊的空間につながるからとも言えますね。

お日さまのように陽氣に生きる

また、日拝と言えば、江戸末期の神道家・黒住宗忠のことが思い起こされます。宗忠は、数えきれないほど多くの人たちの病を治し、死者さえも、3度、生き返らせたという驚くべき逸話の持ち主です。まさに、生きながら神になった人でした。「そんなバカな……」と思われるかもしれませんが、彼の言行録を読むと、その力は本物であったと思わざるをえません。

ある日、「心は神である」という一句を、室町時代の神道家である吉田兼倶《かねとも》の『神道大意《しんとうたいい》』の中に見つけた宗忠は、「生きながら神になる」という強い志を立てました。

とは言っても、いったいどうしたら神になれるのか？　宗忠は書物を読みあさり、識者と名高い人たちを訪ね歩き、その答えを求め続けましたが、ついに、明確な答えを得ることができませんでした。

宗忠神社（岡山県）

ところが、そんな宗忠に「天命直授《てんめいじきじゅ》」と言われる神秘体験が訪れます。

宗忠が満33歳のとき、1週間のうちに続けて両親を亡くすという、不幸に襲われました。その悲しみは筆舌に尽くしがたく、とうとう悲しみのあまり病氣を患い、「余命わずか」と医者に断言されてしまいました。

そのとき、宗忠は突如として思い改めたのです。

「このように不甲斐ない、今の自分の姿を両親が見たら、どんなに悲しむことだろう。自分はとんでもない親不孝をしていたものだ。悲しみのあまり陰氣となり、病氣になったなら、今度は、その逆をすればよいはずだ。日々、面白く生きて、心に陽氣を養えば、病氣は自然と治るに違いない」と。

宗忠は、毎朝の日拝と、お日さまのように陽氣に生きることを心掛けるようになりました。

そんな日々を送り始めた年の冬至の朝のこと。昇る朝日を拝んでいると、突然、お日さまから光の玉が宗忠に飛び込んできて、太陽神霊と一体となる不思議な体験をしたのです。

その瞬間、宗忠の病氣はすっかり消え去って、彼の全身（全心）は、ありがたさと嬉しさと悦びに満たされました。奇《く》しくも、冬至の日の出の時刻が、宗忠の誕生の時刻でした。冬至は1年で最も日が短く、その陰極まった日に昇る太陽の光は、1年の中で最もパワーあるものだと言い伝えられています。だから、冬至には、柚子を冬至の朝日に見立てた柚子湯に入り、一年の無病息災を願うのです。

そのときの心境を、彼は次のように語っています。以下、『黒住宗忠に学ぶ生き方』（山

田敏雄著　たま出版発行）より引用します。

笛を吹いたり、琴や三味線を弾いたり、鐘や太鼓を打ち鳴らして歌い、踊ったりしても、この喜びはとても表現しきれるものではなく、たとえようのないほどのものである。
このようなつらい世の中に生きている自分の身に、楽しいことなどは一つとしてないのに、どうしてこんなにも嬉しく、楽しい心になり変わったのであろうかと、われながらあきれてしまった。
それからは、何を見、何を聞いてもみな面白く思われて、ものごとの道理すじみちがみなよくわかり、真昼に白と黒を見分けるように、少しも間違うことがない。まるで碁石の白いのと黒いのを引き分けるようである。

なるほど、両面宿儺ゆかりの地には、宗忠のように霊的太陽と一体となる秘密が、眠っているに違いない。

そう確信した僕は、両面宿儺信仰（太陽信仰）の始まりの地であり、両面宿儺が開山したと言われる、袈裟山（位山と呼ばれた山のひとつ）にある千光寺に向かうことにしました。

「はじまりの地」がキーワード

千光寺の宿儺堂には、はに丸くん（ＮＨＫ懐かしのキャラクター）を彷彿とさせる可愛らしい宿儺像が立っていました（笑）。表から見る宿儺像は勇ましい顔で、右手にはまさかりを持っています。木下住職いわく「まさかりは宿儺が飛騨の開拓者であることを表している」と。

一方、裏から見る宿儺像は微笑んでいて、右手が大日如来の慈悲を表す胎蔵界《たいぞうかい》を示す印、左手が大日如来の智慧を表す金剛界《こんごうかい》を示す印を結んでいました。大日如来の名前にある「大日」という言葉は、「偉大な太陽」を意味しており、宇宙に存在するすべての命は大日如来から生まれたとされています。つまり、大日如来もアマテラスと同様、私たちの命の根源としての霊的太陽の象徴なのです。

微笑んでいる両面宿儺像（裏）

勇ましい顔の両面宿儺像（表）

やはり、霊的太陽につながる両面宿儺の内的世界が、この地には領域展開されている。

改めて、そんな確信を強めながら奥に進むと、弁天堂があり、さらにその奥には、袈裟山の山頂へと通じる登山口がありました。

その時です！

「ウィーン、ウィーン、ウィーン、ウィーン、ウィーン……」なんと、山が鳴き始めたではないですか！

山が鳴く音を聞いたのは初めてでした。ウィーン、ウィーンというその音の意外性にもビックリしましたが、音は山の上の方から聞こえてきます。

ウィーン、ウィーン、ウィーンと、袈裟山が僕を呼んでいるのです。

犬鳴山は修験道発祥の霊山、袈裟山は両面宿儺信仰の発祥の地。どうやら「はじまりの地」がキーワードのようです（よく考えると、はじまりの地こそ、創造エネルギーに最も満ち溢れた霊域です。そのエネルギーを必要とする時代が、差し迫っているのかもしれません）。

愛宕社鎮守堂

当時の僕は、少し歩いただけ、あるいは、階段を一段上っただけで、ひどい息切れがして、何度も休息と深呼吸が必要な状態でした。果たして無事に山を登って下りることができるのか？ 一瞬、不安がよぎりましたが、「死んでもままよ」と思い直し、氣合いを入れて登り始めることにしたのです。

すると、突風ならぬ神風まで吹いてきて、樹木までザワザワ、ザワザワと激しく音を立てて揺れ始めたではないですか！

どのくらい、登り続けたでしょうか……。ふと見上げると、小さなお社がありました。生い茂る樹木の枝葉の隙間《すきま》から、太陽の光がポッカリ差し込んで、そのお社だけがまぶしく光り輝いています。

袈裟山のウィーン少年合唱団から呼ばれた場所はここで間違いない！（笑）

地球の引力は愛のエネルギー

お社の前には「この地は、古代信仰の祭場と伝えられ両面宿儺の霊跡ともいわれる。奈良時代には泰澄大師が白山大神を勧請」と書かれた看板がありました。

なるほど、この日のために泰澄大師は白山大神をこの地に勧請《かんじょう》されたのか！

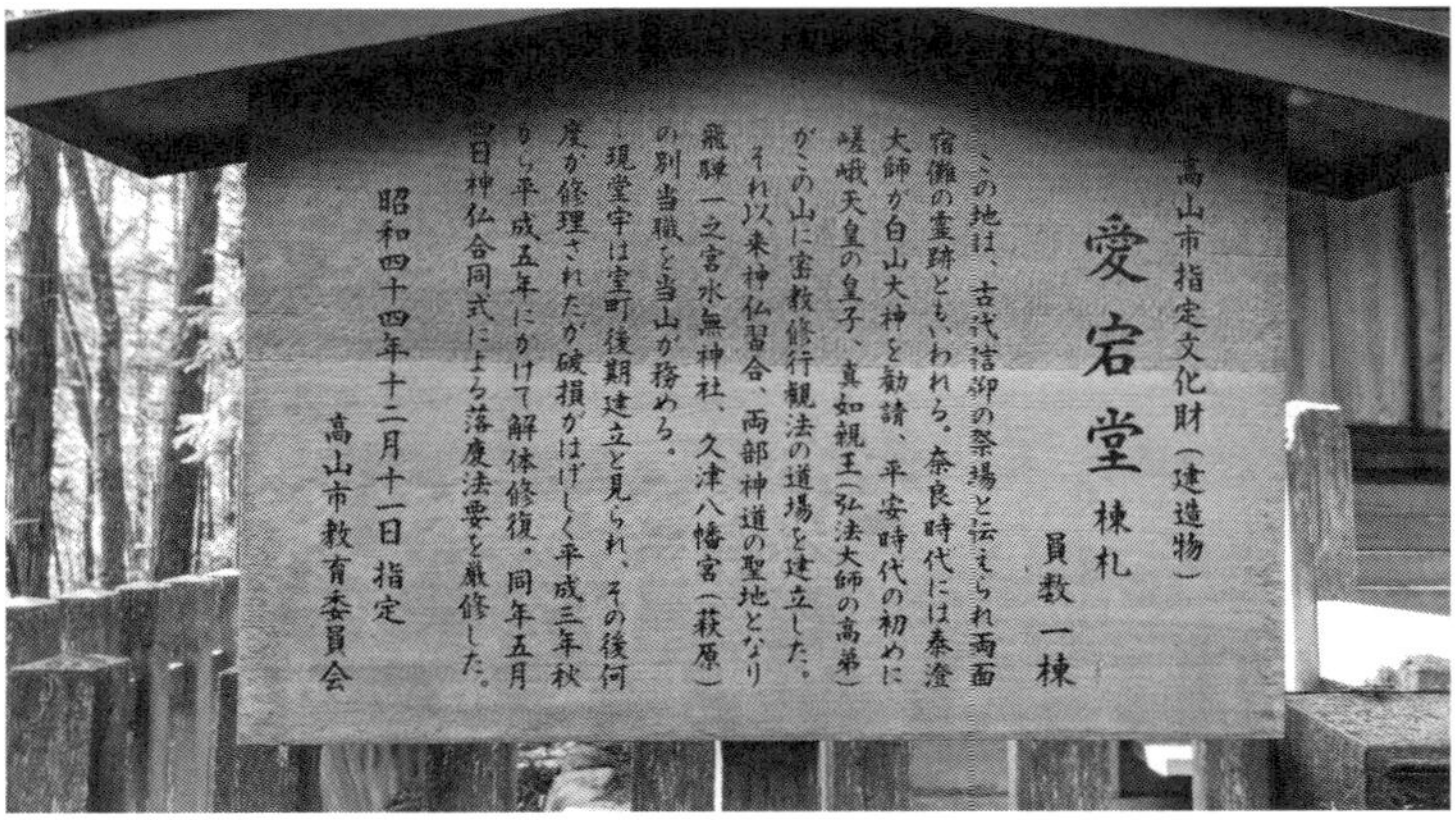

どういうことかと言いますと、白山大神は、キクリヒメ、または、ククリヒメと言われる謎の女神です。

『古事記』では、イザナギが黄泉《よみ》の国から帰るシーンに登場し、白山大神はイザナギに何らかのアドバイスをされ、それを聞いたイザナギはたいそう喜んだと書かれてあります。

でも、そのアドバイスがどのような内容のものだったかは書かれていません。いったい、白山大神はどのようなアドバイスをされたのでしょうか？

……とその前に、私たちが命の根っこではＯｎｅ＝Ａｌｌ（ワンネス）であるという真理について説明しなければなりません。

我が太極拳の老師は、地球の引力が氣功武道にお

ける「氣」の正体であり、それはまた、地球の愛であり、その愛によって世界中の人たちはひとつに結ばれていると言います。

つまり、地球の中心で私たちはひとつ、すなわち、Ｏｎｅ＝Ａｌｌ（ワンネス）なのです。

だから、地球の引力はものすごい愛のエネルギーです。その地球の愛である引力に、カラダとココロを同調させていくトレーニングが、氣功なのです。

そして、「私たちが地球の引力にすっかり同調して、身体と心からすべての緊張が消え去った時、大地のどん底（地球の中心）で私たちを支える地球の愛に氣づく。その地球の引力である愛と、完全に一体になった状態がＯｎｅ＝Ａｌｌ（ワンネス）であり、禅の悟りとはこのことだ。茶道、書道、華道、剣道、弓道など、日本人は「道」という言葉が大好きだが、それも同じで、Ｏｎｅ＝Ａｌｌ（ワンネス）に至る道のこと。しかも、地球の引力に同調してＯｎｅ＝Ａｌｌ（ワンネス）になればなるほど、自分の思ったことがどんどん叶うようになってくる」と、老師は言うのです。

しかも、地球の引力に同調してＯｎｅ＝Ａｌｌ（ワンネス）になればなるほど、自分の思ったことがどんどん叶うようになってくると、老師は言うのです。

自分の手足を自分の思いどおりに動かすことができるのは、手足が自分の一部だからでしょう。それと同じ理由です。Ｏｎｅ＝Ａｌｌ（ワンネス）なったら、自分＝世界ですから、自分の思いは瞬時に世界中に伝わり、世界中が自分の思いどおりに動いてくれるようになるというわけです。

なるほど、倶利伽羅龍王が、どんな願いも叶えてやると大断言されていた理由は、このことだったのか……。坐禅で姿勢が重視されるのも、地球の引力と同化して、地球の愛と一体化するためだったのです。

命の世界からのコーリング

実は、南無妙法蓮華経という言葉も、蓮の花にたとえてＯｎｅ＝Ａｌｌ（ワンネス）の真理を伝えたものです。水面に浮かぶ蓮の花は、ひとつひとつ別々の花に見えますが、その根っこはひとつです。すべての命が、地球の中心ではひとつの命、すなわち、Ｏｎｅ＝Ａｌｌ（ワンネス）だということを教えています。

また、蓮は泥水（善悪悲喜こもごもの現実界を象徴）の中にありながら、決して泥水に汚されることなく、逆に、そこから養分をしっかり吸収して、水面上に美しい花を咲かせます。この蓮のように、たくましく生きるエネルギーの大切さ、それが、私たちの命の本質なんだということも教えているのでしょう。

さて、地球の引力である愛と、完全に一体になった状態がＯｎｅ＝Ａｌｌ（ワンネス）だと書きましたが、地球の中心は太陽の中心につながり、その太陽の中心は銀河系の中心につながり、その銀河系の中心は宇宙の中心へとつながっています。

つまり、すべての存在の中心は、最終的には、宇宙の中心へとつながっているのです。

世界中の人たちは地球の愛でひとつにつながっている＝すべての命は宇宙の愛でひとつにつながっているのであり、地球の中心で私たちはひとつ＝宇宙の中心ですべての命はひとつという意味でもあったわけです。

さて、前置きが長くなってしまいましたが、白山大神は次のようなアドバイスをイザナギにされました。

「肉体の死にとらわれてはいけません。Ｏｎｅ＝Ａｌｌ（ワンネス）の世界で、あなたとイザナミは一度も離れ離れになったことはないのです。そのことを忘れないでください」

と。


イザナギから、アマテラス、ツキヨミ、スサノオの三貴神が生まれましたが、もし、イザナギだけから生まれた子であるなら、三貴神に母親はいないはずでしょう。でも、スサノオは母親のイザナミを恋しがって黄泉の国まで会いに行こうとしたのです。

ということは、スサノオはイザナギとイザナミから生まれたことになるでしょう。


その理由はこういうことだったのです。

白山大神とは、Ｏｎｅ＝Ａｌｌ（ワンネス）の世界へと、私たちをくくる働きをされる神さま（白山大神がククリヒメとも言われる理由）。この神さまがいらっしゃるから、私たちはＯｎｅ＝Ａｌｌ（ワンネス）の世界（またの名をエデンの園）に、再び、帰還することが保証されているわけです。このエデンの園が地上世界に顕現してミロクの世となります。

今日、この地に僕が導かれたのは、再び、この大いなる命の源泉と結ばれるためだった。ウィーン、ウィーンと袈裟山が鳴り響いたのは、まさに、命の世界からのコーリングだったのです（補足参照）。

補足

国家風水師の白峰先生いわく、「古代、世界王朝の主だった白山菊理姫（白山大神）は（エジプト文明にも関与していたそうです）、もう一度、日本を中心に世界を結び、新たな世界文明を開く働きをする。

それは、日の本の国、すなわち、太陽神界とつながる『霊《ひ》』の本の国の本来の役割でもある。

その『霊』の本のエネルギーで世界をひとつにくくり、『Ｏｎｅ＝Ａｌｌ（ワンネス）』の新文明を開く働きをするということでもある。

魚座から水瓶座へのシフトは、白山菊理姫という女神の時代となったということ。

それは、女性原理でなく母性原理。
水瓶座の時代は、母性原理で世界が動くようになるということだ」と。

袈裟山千光寺から望む御嶽山

第二章

大宇宙のスピン力とは大宇宙の生命力

空（そら）は無色透明のスクリーン

ここで、栄宗寺《えいそう》（道元禅師が開かれた曹洞宗のお寺です）住職のブログより、この世の創造の秘密について語られた記事を紹介させていただきます。


「空（そら）の色」は何色でしょう？

見上げてみましょう。

水色？　青色？　本当に？

確かに、晴れていれば日中の空は抜けるような青色が広がっています。

でも、夕方になったらどうでしょう？

茜色、夕焼け色にその色を変えてしまうのではないでしょうか。

そのあと時間がたつにつれ薄紫色、群青色、そして日は沈み空は夜の闇におおわれてしまいます。

そして朝が来れば、空はまた薄紫から朝焼けに輝き、太陽を迎え日中の青空へと色を変えます。

さて、青色・茜色・夕焼け色・薄紫・群青・暗闇色それらの色のうち
本当の空（そら）の色とは、一体何色なのでしょう？

そう　空（そら）は無色透明です。

無色透明だからこそ、空はその時々の色に染まることができています。

もし、「空の色は水色！」と決まってしまっていたら、空は水色以外の色に変わることはありませんね？

しかし、実際はそうではありません。

空は、何色にでも変わることができています。

それは、空には決まった色がないから、無色透明だからこそできていることです。空は何か一つの色に留まることがありません。水色・茜色・黒色いろんな色になりながらも、一切の色を引き摺ることがありません。

空は色々な色を映すことができます。

青色も赤色もピンク色も黒色も、空はその身に映すことができています。

そのことがそのまま「空（そら）は無色透明」の証（あかし）です。

無色透明の空は、どんな色を映しても汚れません、傷つきません、壊れません。

そして　この空（そら）の様子は、そのまま今の私たちにも当てはまります。

私たちが喜・怒・哀・楽に染まる様子。

喜び色、怒り色、哀しみ色、楽しみ色様々な色に私たちは染まります。

また、様々な「思い」「考え」にも染まっています。

「好き」「嫌い」「自分がある」「私は生きている」などなど様々な思いや考えを映し出しています。

様々な景色（そこには身体や世界の有り様も含まれています）、音、におい、味、感覚にも瞬間瞬間に染まっています。

そう　私たち自身も、空（そら）と同じように無色透明です。

本来、私たちは無色透明だからこそ、生まれたり、死んだり、泣いたり、笑ったり、色々なことを考えたり悩んだり、ということもできています。

あたかも　空（そら）が様々な色をその身に映し出すことができているように。

そして　様々な色を映し出している空（そら）自身は、汚れることも、傷つくことも、壊れることもないように。


禅に「見性成仏《けんしょうじょうぶつ》（性を見て仏と成る）」という言葉がありますが、この「性」こそ、栄宗寺住職の言う「無色透明のスクリーンのこと」なのです。

手をゆっくり表にしたり裏返したりしてみてください。不思議なことに前の映像が残らないでしょう（味も香りも音も同様です）。これは当たり前だけど、よく考えるとすごく不思議なことなのです。手を裏返した時、手が表だった時の映像は消えているのですから。ということは、刻々に前の映像が消えて新しい映像が創造されている。すなわち、無色透明のスクリーンに、刻々に新たな今が創造されていることになります。

宮沢賢治がこの世を交流電灯のようだと言ったように、新たな今が一瞬、一瞬、創造されているのがこの世の真実です。電灯は1秒間に60回点いたり消えたりしていますが（関東では1秒間に50回）、私たちの目にはずっと点いているように見えています。同じように、この世界も消えたり創造されたりを繰り返していますが、私たちの目にはずっとあるように見えているわけです。そして、私たちは過去の記憶や色々な想いが重さとなって似たような今を創造し続けてしまっているため、過去↓現在↓未来という時の流れがあたかも存在するかのように感じているのです。

現実を変える力

文殊菩薩の真言は「オンアラハシャノウ」です。その意味は「我は不生不滅、不垢不浄、不増不減の光なり」です。生まれるとか滅するとか、汚れるとか清らかだとか、(お金などが)増えたとか減ったとか、それは、無色透明のスクリーンに映し出された映像に過ぎません。

文殊菩薩は「あなたはそのスクリーンに善悪悲喜こもごものドラマを映し出している光源自身なのですよ」と教えているのです。フィルムに刻まれた映像をスクリーンに映し出すには、光源が必要なのと同じ仕組みです(補足参照)。

補足
禅の指導者である立花大敬《だいけい》さんは、想いが現実化する仕組みを暗示したものが、正月の鏡餅だと言います。
てっぺんの柚子は、霊的太陽(私たちの命の本質の光)を表しており、2段目の餅は、その命の本質から流れ出た光が凝縮してできた心を表し、一番下の餅はその心が凝縮してできた地上世界を表していると……。

つまり、命の光源があって、心というフィルムがあって、その心のフィルム上に描かれたイメージがあります。

そのイメージが地上世界のスクリーンに映し出されることで、現実化が起こることを鏡餅は教えていると言うのです。

また、般若心経には、色、受、想、行、識という言葉が出てきますが、これも同じことを教えています。

地上世界のスクリーンに映し出されたドラマ（色）を見て（受）、私たちは様々な想いを抱き（想）、繰り返し想うことで（行）それが心に刻まれ（識）、その刻まれた想いがまた地上世界のスクリーンにドラマ（色）として映し出されるということを意味しています。

僕はこの世には、悟る役割の人と、その悟りを日常生活に活かす役割の人がいると思っています。それは法則を発見する科学者と、その法則を活かした便利アイテムを創造する発明家のような関係です。

誰かが悟ったならば、その悟りを活用したらいい。その悟りの正しさを検証するために、同じように何十年も修行して、「やっぱり、その悟りは正しかった」と同じ悟りを得ても、人類全体から見れば、何の進歩も発展もないじゃないかと思ってしまいます。

すでに数えきれないほど、たくさんの悟った人たちによって、悟りの正しさは検証されています。それに、世界中の人たちが悟りを求めて、朝から晩まで坐禅や瞑想をしていたら、社会は機能不全に陥ってしまいます。わざわざ同じことを体験しなくても、もう十分ではないでしょうか。

さて、話を本題に戻します。

僕は山を下りてから、驚くべき事実を知ることになります。氣づけば、まったく息切れも休息もすることなく、スタスタと山を登って下りることができていたのです。

当時の僕は、心臓が3分の1しか動いてない状態だったにもかかわらず……（数日後、このあり得ない体調の変化は、科学的データで証明されることになります。詳細は後述）。

と同時に、心不全になって心筋が衰えたなら、再び、心筋を鍛え直して、心不全になる前より、もっと元氣になってやろうという猛烈な意欲まで、突然、フツフツと湧いてきたのです。

それだけではありません。なんと、前日から宿泊していた旅館の雰囲氣まで、ガラリと変わってしまいました！（笑）どんよりした雰囲氣の旅館だったのに、まるで実家に帰った時のような、居心地よい空間と温もりのある接客に激変していました。前日の料理はお世辞にも美味しいとは言えない料理だったのに、身も心も大満足なご馳走へとレベルアップしていました。

これだけでは氣のせいと言われても仕方ありませんが、なんと、温泉の質までまったく変わっていたのです。

前日は、ぬるく硫黄臭もまったくしない残念な温泉だったのに、袈裟山に登った後は、いきなり熱くて硫黄臭のプンプンする素晴らしい温泉へと生まれ変わっていました。

なんじゃこりゃあ……（笑）。

急性心不全から奇跡の大回復

両面宿儺の霊跡を訪れた日を境に、僕の体調はあり得ないスピードで、奇跡的な回復を遂げていきました。

入院生活でほぼ寝たきりだった僕の身体は、アニメ『アンパンマン』に登場するホラーマンみたいに痩《や》せ細っていましたが（笑）、みるみるうちに、アニメ『終末のワルキューレ』に登場するアダムみたいに、力強く引き締まった身体へと変貌（このアニメは生き様がかっこいいアダムが一番の推しキャラ）。

おかげで、お酒が飲みたくてしょうがなくなるまで、元氣になりました（現在はお酒もめでたく解禁）。

今の医学で治らないとされているのが、重度の非代償性肝硬変、拡張型心筋症（僕の心不全はこれ）とＡＬＳ（筋萎縮性側索硬化症）ですが、そんな不治の病から、あっという間に回復してしまったわけです。

その証拠に、両面宿儺の霊跡を訪れた2日後のNT－ｐｒｏBNP検査（慢性心不全リスク検査）では、退院後もずっと１５００以上だった数値が（４００以上が心不全と診断されるので、その約4倍の数値だった）、いきなり、３８０へと大激減していました。後日、その数値は正常値の48へとさらに激減し、肥大してしまった心臓も、元通りになっていました。細胞分裂を起こさない心臓が回復するなんて、あり得ない奇跡にもかかわらず。

それも、ある霊跡を訪れた後のことでした（詳細は後述）。


さらに、心臓のエコー検査では、いきなり心臓のポンプ機能まで、驚異の2倍アップという回復を遂げていました。

なぜ僕の身体は一瞬でこんなにも変わってしまったのか？

なぜ温泉の質まで一瞬で極上の湯へと激変してしまったのか？

両面宿儺の霊跡での、あのウィーン、ウィーンという謎の音は何だったのか？

僕の疑問は深まるばかりでした。


すると、**大宇宙のスピン力**というインスピレーションあり！

なるほど、あのウィーン、ウィーンと山が鳴っていた音の正体はこれだったのか。地球は自転しながら太陽の周りを1年周期で公転し、その太陽も自転しながら、銀河系の中心の周りを2億年周期で公転しています。

このように、宇宙にあるあらゆるものはスピンしているわけです。

100円玉をスピンさせると、その遠心力と求心力によって、自ずから中心軸が形成されるように、地球も高速でスピンすることにより、地軸という中心軸が形成されます。合氣道や太極拳などの氣功武道が目指すところも、自身の身体を地球の引力線にピタリと一致させることで、この地軸という中心軸、ひいては、大宇宙の中心軸に自らを共鳴させること、そして、大宇宙の大いなるスピンの流れに乗ることなのです（すなわち、神武一道。肉体的に強くなることはオマケです）。

このことを、前述の立花大敬さんは、「宇宙の回転軸と一体化する」と表現し、坐禅の目的もそうだと『(しあわせ通信) 第五集　楽々　いのち』（本心庵発行）という本で述べています。以下、該当部分を引用します。

坐禅するやろ。そしたら、変ないい方やけど、宇宙の回転軸がわかるわけよ。どこを中心に回転しているかいうのが何となく感覚的に摑めてきて、その回転軸と自分の肉体の中心軸がピタッと一致した時に、すごい、何ていうの、いい感じ（笑）。いい感じになるわけよ。

だから、宇宙の回転軸（中心軸）、それが神やで。その神と僕が一体化するっていう神人合一。

それはキリスト教でもイスラム教でも言うし、全然変わらない話だと思う。

だから方法論としてスーフィー（イスラム神秘主義の一派）みたいに体を回転させることによって宇宙の回転軸を発見するというやり方もあるやろ。

坐禅は座ることによって回転軸を発見していく。

キリスト教なんかの祈りの場合は、急に宇宙の回転軸とか言われてもわからんから、基本的にまず外におくわけよ。

神として人格化して。そして自分がここにおって、その神と対話して祈ることによって、命を一つにしていって、最終的にはピタッと軸を一緒にする。

まず外に人格化するっていうのが心理学的におもしろいやり方だと思う。

つまり、「大宇宙のスピン力」とは「大宇宙の生命力」であり、その怒濤の生命エネルギーが、僕の心不全を一瞬で完治させてしまったということです。

それだけではありません。大宇宙の生命力は、僕を取り巻く環境にまで、その偉大なる力を発揮して、旅館の雰囲氣や温泉の質まで一瞬で変えてしまったわけです。

やはり、自分が世界を映し出しているのでしょうか？（補足参照）

補足

仙骨整体MRTの創始者、内海康満さんの『霊止乃道《ひとのみち》 神の御仕組み』（徳間書店発行）という本にも「目で見ているのではなく、自分が世界を映し出している」と、書かれてあったと思います。

冷静に考えれば、それは誰でも真理と分かることだと、彼は次のように言います。

視界が前後、左右、上下に移動するたび、まばたきするたびに、脳は目から入ってくる膨大な情報を一瞬で処理しなければならない。

そんな効率の悪いことをしていたら、しょっちゅう映像が乱れてしまうはずだ。ましてや、脳のスペックは人それぞれ違うんだ。

それでは一人一人異なった世界を見ていることになり、人類共通の認識を持つことなんて不可能だろう。

しかし、実際は、誰が見ても同じものは同じように見える。

ということは、寝ていようが起きていようが、常に自分が世界を映し出し続けてるから、閉じた目をパッと開けても映像が乱れることがないんだ。

つまり、同じものが同じように見えるよう、神様から一人一人に同じソフトウェアをプレゼントされているということだ。

国生みの始まりの地にヒントあり

ではそのスピン力を生み出す源泉はどこにあるのか？　ふと、そう思ったとき「国生みの始まりの地にヒントあり」というインスピレーションあり！

なるほど、日本は、日（霊《ひ》）の本の国（霊的太陽のこと。この霊のエネルギーが止《とど》まって、人の最終形態である「霊止《ひと》」となる）。

その国生みの始まりの地に、大宇宙の中心にある霊的太陽につながるゲート（大宇宙のスピン力を生み出している源泉）があって、そこから日の本の国がだんだんと形成されていったイメージが浮かびます。

修験道の始まりの地の次は、両面宿儺信仰の始まりの地、その次は、国生みの始まりの地とは。やはり、「はじまりの地」がキーワードのようです。

日本神話の『古事記』によれば、イザナギとイザナミが最初に生んだ国が淡路島です。では、淡路島のどこに、日（霊）のエネルギーが溢れ出す源泉があるのでしょうか？

その時、洲本という地名が思い浮かびました。洲本とは「国の本」という意味だから、そこに、日（霊）のエネルギーが溢れ出す源泉があるに違いない。

さっそく調べてみると、なんと、あの高田屋《たかたや》嘉兵衛の出生地が洲本でした。

高田屋嘉兵衛は、司馬遼太郎をして「人の偉さは測りにくいものですが、その尺度を英知と良心ということにしましょうか。

では、江戸時代を通じてだれがいちばん偉かったでしょうか。

私は高田屋嘉兵衛だろうと思います。

それも二番目が思いつかないくらいに偉い人だと思っています。

世界のどんな舞台でも通用できる人ですね」と言わしめた偉人、まさに、日の本のエネルギーを体現した人物です（司馬遼太郎公開講演　１９８５年5月11日洲本市民会館より抜粋）。


両面宿儺が飛騨の開拓者なら、高田屋嘉兵衛は北方の開拓者です。幕府の要請を受けて、択捉島と国後島の安全な航路を発見したり、17か所もの新たな漁場を開くなど、北方の開拓者として偉大な功績を残した人。さらに、日本とロシアの戦争を食い止めた人でもあります。

なるほど、霊的太陽と一体となった人は、開拓者精神が輝き出すということか（そういえば、二刀流の大谷翔平も「誰もやったことのないことに挑戦したい」と。彼も開拓者精神の持ち主だから、めちゃくちゃ運がいいのです）。

さらに、「日の本　嘉兵衛餅」という洲本の銘菓まで発見。「嘉兵衛餅」だけでいいのに、わざわざ、ここが「日の本」だとしっかりアピールまでしてくれています。

その洲本に、日本で最初に出来た山と伝えられる先山《せんざん》を見つけました。洲本は国生みの始まりにして、山の始まりの地でもありました。その頂上には先山千光寺があり、先山千光寺の三重塔は、あの高田屋嘉兵衛が修築したとのこと。飛騨の袈裟山千光寺の次が、淡路島の先山千光寺なのも不思議な符合です。

先山千光寺を調べてみると、次のような文章がありました。

先山は、天地開闢のはじめ、イザナギ、イザナミの二柱の大神が大八洲をお創りになられた時に、日本で一番最初に創られた山であると伝わることから「先山」と呼ばれ、日本最初峰と称されることもある「国生み神話」ゆかりの地です。境内には、イザナギ、イザナミの二柱をお祀りする二柱神社や、天照大神を祀る岩戸神社があります。

なるほど、風水では、地球の強いエネルギーが押し上げて出来た主要な山を「祖山《そざん》」と呼び、そこから流れ出したエネルギーが作り出す山脈や起伏の流れを「龍脈」と呼びます。まさに、強い日（霊）のエネルギーが押し上げて出来た山、しかも、日本で最初に出来た山が、先山山地の最高峰にして、淡路富士とも呼ばれる先山というわけです。

日（霊）のエネルギーが溢れ出す源泉があるのは、ここで間違いない。そう確信した僕は、さっそく淡路島に向かったのです。

日（霊）のエネルギーの象徴、先山千光寺にあるアマテラスを祀る岩戸神社へと。

聖中心は神につながるゲート

奇しくも、岩戸神社に参拝した日は、令和5年6月7日でした（「日月神示」では、この「567」を「ミロク」と読ませています）。

峻厳な雰囲氣の岩戸神社の前で、たたずんでいると、突然、僕の身体は消え失せ、天の高みへと引き上げられていく感覚に襲われました。

その時、同行者は足がガクガクして、後ろに倒れそうになったそうです。それほど強大なエネルギーの柱が、その場に立ち上がったのです。

と同時に、そのエネルギーは、僕のお腹あたりにある一点から、天地を突き抜けていったことを、明確に意識化できたのです。

その瞬間、「大宇宙のスピン力は聖なる中心から生じる」というインスピレーションあり！

なるほど、この一点のことを言っているのか！

僕は、聖なる中心と聞いて、肥田《ひだ》式強健術（肥田春充《はるみち》オリジナルの氣功法）の創始者であり、思想家、哲学者でもあった肥田春充氏が提唱した「正中心」という言葉を思い出しました。後に、春充は「聖中心」と表記を改めます。

春充いわく「正中心とは、身体の物理的中心。幅も厚さも長さも無い、ただ一だけがある一点」だと。そして、自身が正中心を体得した時の体験を、次のように語っています。

ドカッー!? 突如!! いまだ経験せざる所の、強大恐るべき力が、腰と腹の中心からほとばしりでた。

それは床を突き通して、地中に入り、地球の中心を貫いて、ストーッ。無限の宇宙を無限に突き抜けて行った。

オオ、無限の力だ。無限の力！　無限の力！　オオ無限の力だ。

身も心も震蕩《しんとう》する絶大の力、光明の揺らめきだ。

生命の躍動だ。これこそは真に『活ける命の泉』だ。

無限の力と共に、無限の歓喜は私の中心から全身にみなぎった。

しかも何とドッシリと落ち着いた喜びである事よ。

泰山の重さである。宇宙の静けさである。

そうして身も心も、聖愛と生命の霧に、包まれているかの様。

またちょうど彼の燃え立つオリオンの大星雲中に座するかのようでもある。


この時、春充は「床板を足型に踏み抜いた。2回、3回、何の抵抗もなく床板は踏み抜かれた」とも言っています。それほど強大なエネルギーが春充の全身にみなぎったわけです。

また、春充は「人の最も正しい姿勢こそが、神を見出す」と断言し、「禅の悟りも同じものだ」と、次のように語っています。

人体の、物理的中心を鍛えること、そこに、精神修養の妙諦が潜んでいる。正確な正中心を、得ることによって、精神状態は、機械の如くに、支配せらるるものである。若しそれ、ピシャァッと、強大な中心力が生ずると、精神の中心は、自ずから下って、其の一点に集中し、一切の思念観想は、機械の運転が中止したように、ピタリと停止されてしまう。考えようとしても、考えることは許されない。思念しないのではない。思念することが出来なくなるのだ。明朗なる無念無想の状態は、自ずから現出される。

この体験があって以降、春充は「正中心」から「聖中心」へと表記を改めました。後に、500年に一人出るかどうかの傑僧と言われた飯田欓隠《とういん》老師も「これこそ本当の体育禅であり、動的禅である」と、春充が得た聖中心が禅の悟りと同じものであることを認めています。

なんと、私たちは身体を通じて神を見出すことができるのです（聖中心＝神につながるゲート）。

舞踊芸術家の千賀一生氏も、『ガイアの法則［Ⅱ］中枢日本人は［アメノウズメ］の体現者となる』（ヒカルランド発行）という本で、身体の重要性について次のように語っています。


今のあなた方は平和というものを理性で達成しようとしている。それは不可能だ。あなた方は人間の本質を忘れ、人間の本質能力を忘れている。

その実現のためには、今は眠ったままになっている人類のもう一つの、肉体という存在の開花が必要なのだ。

その開花は、人間をまるごと変え、存在ごと存在と共鳴できる次元へと至らせるのだ。

（中略）

あなた方の多くは、肉体が外側にあり、内なるものは心だと思っている。

しかし、あなた方も、生命は、神経系の発展から結果的に脳を生み出したことを知っているはずだ。

あなた方が心としてとらえる思考の力は、生命進化の最後に生じたものだ。

生命の基礎は、むしろ身体にある。

その奥にこそ、宇宙という実在につながる扉があるのだ。


この「身体の奥にある宇宙という実在につながる扉」こそ、「聖中心」のことなのです。

半田広宣《こうせん》氏が提唱する宇宙論・思想体系のヌーソロジー（補足参照）では、「聖中心」のことを「神」と定義しています。冥王星のオコツトという存在からのチャネリング情報をもとに、物質と精神の関係を空間という視点から接合しようとする具体的なイデア論です。

補足
ヌーソロジーとは、冥王星のオコツトという存在からのチャネリング情報をもとに、空間という視点から物質と精神の関係を接合しようとする具体的なイデア論です。ヌーソロジーの入門書として、川瀬統心氏の『【新説・精神世界史講座】ワンネスは２つある』（ヒカルランド発行）という本をおススメします。

ヌーソロジーにおける重心（聖中心）とは、すべての重心であり、無形世界と有形世界のつなぎ目でもあり、さらにそれは人間の身体でもあると。

岩戸神社（兵庫県）

つまり、全次元が身体に重なっていて、身体は単なる３次元物質ではないというのがオコツト情報の肝であり、誤解を恐れずに言えば、身体を忘れたスピリチュアルは、本質からズレているということなのです。

空を見ているとエネルギーが自分に返る

さて、話を戻します。

この時、僕のカラダにも春充が体験したような凄まじい力が突き抜けていったのです。慢性心不全リスク検査の数値も、この体験があってから、３８０から48の正常値へとさらに激減しました。担当医も「血液検査のすべての数値がパーフェクトで素晴らしい」と大絶賛！


そのことは、十数年前のある出来事を思い起こさせました。

僕が国家風水師の白峰先生と（補足参照）、１年３６５日、ほぼ毎日飲み歩き修行に明け暮れ、２日酔いならぬ３６５日酔いだった頃のことです。実は、この非常識な飲み歩き修行には、深い意味がありました（詳細は後述）。

補足

以前、白峰先生は「海の水が全部無くなったら、空も無くなる」と、ブッ飛んだことを言われたことがあります。

「フラットアース説（地球平面説）」がネットに飛び交うようになった今、改めて、このことをもう少し詳しく説明しますと……。

実は、地上世界の裏側に、上からアガルタ、テロス、シャンバラの三層構造になっている地底世界があります。

そのシャンバラとテロスの中間に宇宙空間があって、それが、地表の上空にあるドーム状のスクリーンに映し出され、宇宙が外側にあるように見えていると、白峰先生は言うのです。

つまり、私たちがふだん見ている太陽や月や星々は、ホログラムなんだと。

我が太極拳の老師も「空を見ていると、エネルギーが自分に返ってくる」と言われたことがあり、それは真実だと僕自身は感じていますが、信じるか信じないかはあなた次第です。

その日は3軒目くらいに、懐メロをリクエストすると、その曲が映像（久米宏と黒柳徹子が司会をしていた『ザ・ベストテン』の映像です）とともに楽しめる、新宿3丁目の居酒屋で飲んでいました。

たしか、京都から移動しての飲み歩きで、僕は、体力的にも、精神的にも、限界に達しつつありました。

そんな今にも幽体離脱してしまいそうな時のことです。

白峰先生「おい、有野！　ライター貸してくれ！」

著者「はい、どうぞ！」

白峰先生「なっ、なんだチミは？（志村けんの変なおじさんのモノマネで　笑）」

なんと、僕が白峰先生に差し出したものはライターではなく、ボールペンだったのです！　つまり、ライターとボールペンの区別もつかないほど、僕の頭はまったく働いていませんでした。

その時です！

「きぇぇーい」と、白峰先生がとてつもなくデカい声で一喝！

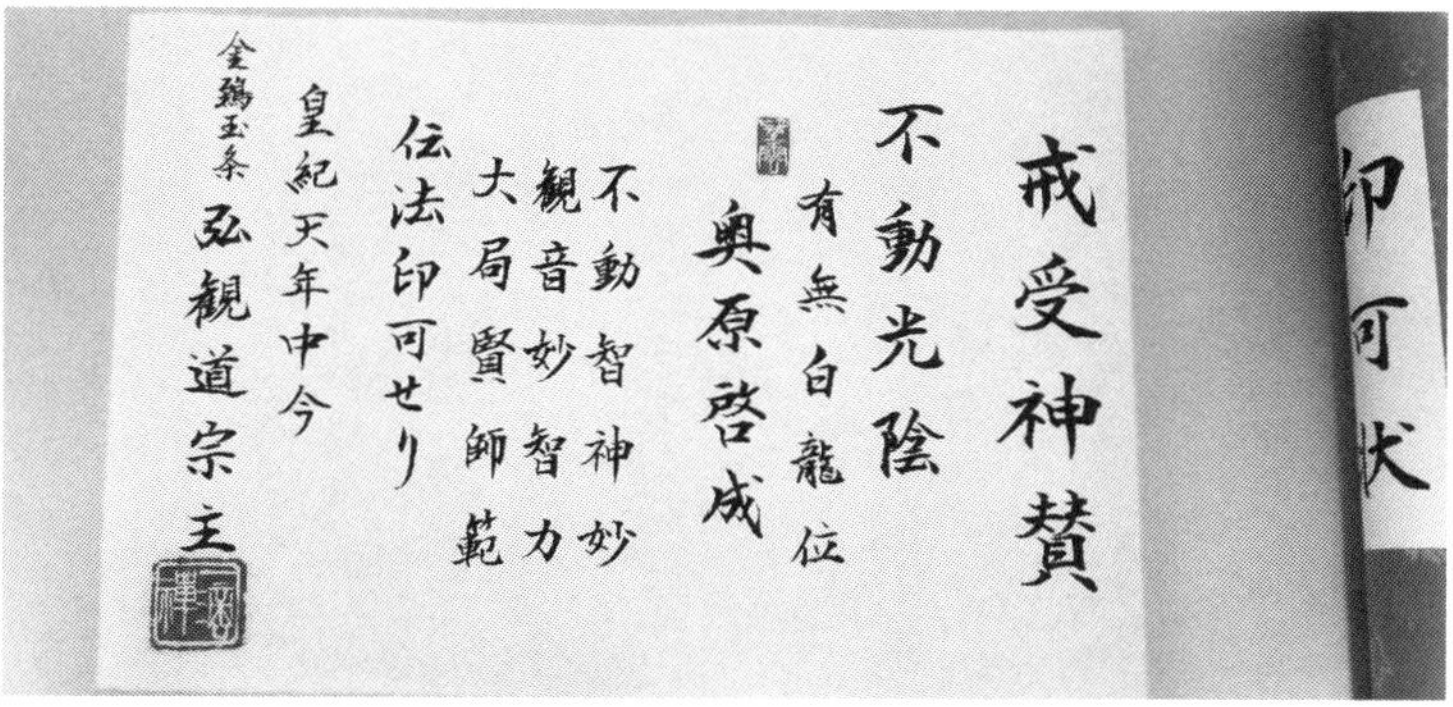

弘観道の印可状（奥原啓成は著者の本名）

その大音響が居酒屋中に響き渡り、空間全部が大震動したかのように感じ、周りのお客さんの動きがピタッとフリーズした瞬間、なんと、自分が消えていました。と同時に、とてつもないエネルギーが身体の中心からほとばしり出て、疲労マックス状態が一瞬で吹き飛んでしまったのです。

　もちろん、その日は朝まで大いに盛り上がり、飲みまくり、はしゃぎまくったことは言うまでもありません。

　しかも、この超ハイテンション状態は、その後もしばらく続き、その間の僕は「軽自動車ならぶつかってきても跳ね返せる」と豪語していました。恥ずかしながら、微塵の疑いもなく、本氣でそう思ってしまうほどの、高エネルギー状態が続いていたということなのです。この体験後、白峰先生から弘観道の印可状を頂きました。印可状に書かれた「金鵄《きんし》玉条」のマル秘の意味については、←のブログをご覧ください。

このブログ記事にある「八咫烏《やたがらす》」については、『八咫烏の「超」日本史』（大加茂真也著、ヒカルランド発行）より、以下、該当部分を引用します。

> 白峰氏の『地球一切を救うヴィジョン』によると、やはり八咫烏は日本の国体を守る秘密結社であるとしている。
> 八咫烏は日本の国家的な根源に関わる基幹産業において、警察、法律、民族といったものの壁を越えて独自に動ける組織である。
> 独自の資金力もあって、通帳も戸籍もない。
> 官僚でもなく民間人でもない。正体不明の人たちが地下に潜って動いている。

彼等はどこにいるのか。地下にもおり、東京にもいる。

日本の国体を守るため独自の仕事をしている。

実際戸籍のない人は日本に二十万人いるが、その半数は国体を守る仕事をしている。

日本にいったん事があれば、彼等が守ってくれるという。

神道には裏と表があり、天皇にも裏と表があるという。

勿論一般に知られる天皇が表の天皇である。

古来天皇は神道儀式を行う主祭司であった。

一年を通してこれだけでもご多忙である。

しかし明治以降、天皇は国家元首となられ表のお仕事が増えすぎた。

戦後、民主主義に移行してからも、現在の天皇は外交儀礼や民間行事などに関わり、
古来の神道儀式を司るお時間がなくなっているという。

そのため、皇位継承などの重要行事を除き、その他の神道行事は裏天皇が天皇に代わって神道行事を執り行う必要が出てきた。

この裏天皇に率いられる組織が「八咫烏」であるのだという。


白峰先生いわく、スサノオに関しては、山蔭神道家第80世を継承された表博耀《ひろあき》氏の『初

代スサノオ』（ヒカルランド発行）がおススメとのことです。余談ですが、白峰先生は山蔭神道家第79世の山蔭基央《もとひさ》先生から、合氣道家の佐々木の将人《まさんど》先生を紹介されたそうです。大いに意氣投合した二人は、国体護持の盃兄弟となったと。

最後に、白峰先生から頂いた「八咫烏」に関する暗号メール（原文）をご紹介します。


本来、八咫烏とは、スサノオの霊統を表す。

さらに、秦一族は、月氏、すなわち、ツキヨミの霊統なり。

八咫烏とは、ハタノカラスとヤハタのカラス。

神武以前のスサノオの霊統と、月氏の大本であるツキヨミの霊統が、日本の歴史を裏から支えた。

この二柱の神の霊統は、地球神、国常立太神が本流なり！

ミロクの世の建設には、国常立太神の存在が欠かせない。

なぜ、白峰が八咫烏なのか……。

スサノオとツキヨミのダブルスコアの霊統ゆえに。

さらに、白山ゆえの白峰なり。

ここに、歴史物語あるなり。

エネルギー値が高ければ苦しみのドラマも楽しめる

どうして僕はこんなにも元氣になってしまったのか？
それは、自分の命の本体、すなわち霊的太陽に触れることができたからです。
予想外の白峰先生の一喝に、僕の身体と心はビックリして、地球の中心に脱落してしまったのです（笑）。

そのため、僕の身体と心にあった緊張もすべて脱落して、期せずして、聖なる中心につながってしまった。それは、大いなる命の源泉につながった悦びであり、いまだかつて経験したことのないような、至福エネルギーのかけ流し状態と言えます。

そういえば、「すべての悩みや苦しみの原因は、単なるエネルギー不足に過ぎない」というのが、老師の口癖でした。

先山千光寺

たとえば、悩みのエネルギー値が10として、自分のエネルギー値が1しかないならば、その悩みは生きるか死ぬかの大問題となるでしょう。でも、自分のエネルギー値が100になれば、その悩みは大したことではなくなり、逆に、そのドラマを楽しめるようになるのです。

その老師の言葉が真実であることを、このときの僕は、ありありと実感していました。

大いなる命の源泉（聖なる中心）につながって、全身（全心）にエネルギーが満ち満ちてくると、理由もなく毎日が楽しくなります。このあたりの心境を、黒住宗忠は「あらうれし　かかるうれしき世にいでて　苦しむ人ぞあわれなりける」と歌に詠んだのでしょう。

先山千光寺での不思議現象は、強大なエネルギーの柱が立ち上がっただけではありませんでした。鹿の群れを率いる、一頭の神々しい猪と出会ったのです。

先山千光寺には、次のようなエピソードが伝わっています。


延喜元年（901）播磨の国の猟師忠太（藤原豊広）が播州上野の山中で為篠王《イザサオウ》という大きな猪を射た。

ところが、猪は傷つきながらも海を渡り、淡路島の山奥へ逃げ込んだ。

忠太が跡を追うと、先山の大杉の洞中に、胸に矢の刺さった千手観音像があった。

驚いた忠太は頭を剃り、寂忍《じゃくにん》と名を改めて仏門に入り、ここに観音像を祀る寺を建てた。（先山・千光寺略縁起より）

なるほど、この鹿の群れは、猪に化身した千手観音様からのメッセージだったのか！

中国には、虎、鹿、熊、猿、鳥の5種類の動物の動きからヒントを得た「五禽戯《ごきんぎ》」という氣功法があります。

鹿は精力絶倫な動物とされ、漢方薬では鹿の角の粉末が、精力剤として有名ですが、それで、鹿のしっぽに秘密があったことを思い出したのです。しっぽを頻繁に動かすことで、自家発電された大量のエネルギーが、物質化して鹿の角となると考えられているためです。

人の場合、しっぽは尾骨にあたります。

そうか、しっぽ（尾骨と仙骨）に包まれるように、聖なる中心はあるんだ！

つまり、聖なる中心はしっぽを振る動きの起点にあり、しっぽを振れば、聖なる中心が活性化されるってこと。その一点から、大宇宙のスピン力は生じ、大宇宙の中心軸も立ち上がる。

鹿はしっぽを頻繁に動かすことで、聖なる中心を活性化させ、生命エネルギーを増幅させていたのです。聖なる中心が活性化するほど、無尽蔵の生命エネルギーの源泉、すなわち、聖なる中心とつながるパイプも太くなるのです。

（ちなみに、人が爪を切るようなもので、角を切られても鹿に痛みはないそうなので、安心してください　笑）。

テレパシーで無限の情報をダウンロード

長沼敬憲《たかのり》氏の『心と体を変える【底力】は【腸】にある　腸脳力』（BABジャパン）という本に、次のようなことが書かれていたことを思い出しました。以下、該当部分を引用します。

実際にイメージしてみればわかりますが、私たちは「胸」や「腹（腸）」で感じることはあっても、これらの部位で悩んだりすることはありません。悩む主体はあくまでも「脳」にあります。体の感覚としてとらえれば自明のことであるはずですが、人は数億年にわたって脳を特異に発達させてきた結果、どうしても「頭で考える」ことに囚われ、それが自分そのものであると思い込んでしまう傾向にあります。仏教の世界では、こうした脳に意識が偏った状態を「無明」と表現していますが、これは要するに「体を持って生きていることを忘れてしまった」「体のなかから脳だけが分離されてしまった」状態であると言うことができます。体は自然の一部であるわけですから、体から脳が分離されているということは、脳だけがこの世界から孤立していることを意味します。こうして生きているのに、生きていることが実感できない。もしそうした感覚があるのだとしたら、それは「脳」という檻の中にあなたの意識が閉じ込められてしまっているからでしょう。この無明から抜け出すには、脳にばかり意識が偏った「頭でっかち」の状態に氣づき、「意識の中心を肉体の中心に重ね合わせる」必要があるでしょう。それが座禅することの意味であり、この中心を重ね合わせる練習を繰り返す中で「直感の回路とつながる＝悟る」という体験が得られることになります。

「意識の中心を肉体の中心に重ね合わせる練習を繰り返す中で『直感の回路とつながる＝悟る』という体験が得られる」と書かれていますが、長沼氏も「その肉体の中心はしっぽにある」と、この本で述べています。

「悟り」は「差取り」だと、よく言われます。

豊かな人と貧しい人、美しい人と醜い人、大卒と中卒、背が高い人と低い人、太った人とスリムな人、人氣者と嫌われ者、健康な人と病弱な人など、私たちはあらゆる物事の間に差を作っています。その差が、悩みと苦しみの原因なのだから、その差を取ることが悟りだというわけです。

たとえば、国と国の間に国境という境界線を作り出してしまうから、境界線をめぐって、政治、経済、軍事などの争いが生まれます。自分と他人という境界線を作り出してしまうから、そこに人間関係の葛藤も生まれます。差を作ることは、境界線を作ることなのです。

でも、いざ差取りを実践しようにも、差に溢れた世界、いや、あらゆる物事が差で成り立っている世界で、そんなことができるはずがありません。

そうではなく、悟りとは、聖なる中心との差（ズレ）が取れたときに、自ずから実現するものでした。その一点を体得できたとき、思考は勝手に消えています。

そのとき、ジャッジする（差を作り出す）自分も消えているのです（まさに、白峰先生の一喝体験がそうでした）。

悟りとは、聖なる中心を体得した結果として引き起こされる、精神的・身体的変化にすぎなかったわけです。そのため、悟りを求めるほど、悟りから遠ざかると言われるのでしょう。しかも、悟りを求めることは、現在の悟っていない自分と、未来の悟った自分との間に、境界線を作り出してしまいます。以降、「聖なる中心」のことを「悟りゲート」と表記します。

坐禅が身体を重視するのも、坐禅という型の目的が、この一点の体得にあるからです。その一点から、上下に引き裂かれるように、天地を貫くエネルギーが立ち上がります。それが中心軸です。その中心軸上の一点に悟りゲートが存在するから、坐禅では、背筋をまっすぐにすることが重視されるわけです。悟りゲートの体得には、中心軸の貫通が不可欠なのです。

ならば、悟りという結果をもたらす原因、すなわち、身体の中にある悟りゲート（聖なる中心）にこそ、意識を向けるべきでしょう。

でも、その目に見えない一点は、言葉で伝えようにも伝える術がありません。熱い感じ、寒い感じ、甘い感じ、辛い感じ……。その感じをいくら言葉で説明しても、なかなか伝わらないのと同じです。もし、その感じを伝えたいなら、暑い夏、寒い冬、甘い砂糖、辛い唐辛子を、体験させたらいいのです。

だから、坐禅という型で、その一点を体験させようとしたわけですね。ただし、坐禅という型の奥、すなわち、目に見えない身体の内側を真似ることができなければ、悟りゲートを摑むことは難しいのです。だから、坐禅は分かりにくい世界だったわけです。

ところが、前述の猪に化身された千手観音さまから、まさかのテレパシー通信あり！

突然、稲妻が突き抜けたかのごとく、悟りゲートを開くための、まったく新しい氣功法の全容が、一瞬のうちに伝授され、理解できてしまったのです。

このことについて書こうと思えば、分厚い本の5、6冊は軽く書けてしまうくらい。そんな大容量の情報が、僕の頭に一括ダウンロードされました。にもかかわらず、それは、老若男女問わず、誰でも簡単に悟りゲートを体感できる、とてもシンプルな氣功法だったのです。

前述の千賀さんの本には、次のような文章が書かれています。

象徴伝達の世界においては、複雑化へと向かう言語伝達とはまったく対照的に、たった一つからすべてを伝達することになる。

一を極めることによって全体性を学ぶ。これは、あなた方の閉ざされた超感覚を開く道なのだ。

あなた方の社会の歪みを、根本から是正するための最大の近道は、象徴伝達の文化を復活させることだ。

これこそが、遠いようで、最も近い調和社会への近道なのだ。

あなた方日本人は、やがて実際に象徴伝達の文化を復活させることになるだろう。

そしてその復活が、人々の新たな能力を開かせ、新文明を誕生させる具体的原動力となるだろう。

言語伝達とは、バラバラの個人が存在するという人間観に基づいています。そのバラバラな人間観自体に、争いの原因があるのですから、どんなに論理をたくましくしようが、社会制度を変革しようが、これまで世界から争いが消えることはなかったのです。

自分と他人との間に境界線を作り出してしまっているからですね。それ以前に、言語自体が、善悪、美醜、長短、大小などの境界線を作り出すことで成り立っています。「分かる」とは「分ける」ことなのです。

一方、たったひとつからすべてを伝達する象徴伝達とは、各自が、命の根っこにあるOne＝All（ワンネス）につながるということ。すなわち、悟りゲートにつながるということです。

そのOne＝All（ワンネス）を媒介とした伝達方法を、象徴伝達と言っているのです。One＝All（ワンネス）ならば、境界線を作り出すことがないから、調和社会への最大の近道ともなるわけですね。

第三章

秘伝書に予言された楽禅ヨガ

神とは凄まじい圧力なり！

令和5年6月7日のミロクの日。
この日に、大いなる命の源泉と私たちを結ぶ型（象徴）として、また、ミロクの世（世界平和）の礎として、この氣功法が授けられたことも理解しました。以降、この氣功法のことを「楽禅《らくぜん》ヨガ」と表記します（補足参照）。

補足
「ヨガ」とは、サンスクリット語でつながりを意味します。
また、「禅」という漢字は、単にネで成り立っています。
ネは礼拝している姿を表しています。
つまり、単純なものに礼拝する姿を表しているのです。
もちろん、単純なものとは悟りゲートのことです。
その大いなる命の悦びのエネルギーにつながると、無条件に、ありがたく、面白く、楽しくなってきます。

そして、ますます命が光り輝くようになるので、「楽禅ヨガ」と名付けました。


千賀氏も「象徴伝達は、一つを深めることに基づく。その体得には、同じ一つの型に無限に触れ、無限に体感する必要がある」と言われているように、このシンプルな「楽禅ヨガ」の型に、無限に触れ、無限に体感する必要があります。

なぜなら、悟りゲートこそ、無限につながるゲートでもあるからです（詳細は後述）。


さっそく、楽禅ヨガを実践してみると、まるで、生き物のごとく、龍のごとく、強大なエネルギーが僕の身体の中を渦巻き始めたではないですか！

前述の宗忠は「神は生き物である」と言いましたが、本当に生き物であるかのように、うごめくリアルな神のエネルギーを体験できるのです。そのリアルな神のエネルギーは、球状にどんどん張り出しながら、かつ、どんどん凝結していきます。

まるで、ドラゴンボール！（まさに、生ける龍のように渦巻くエネルギーの球だから、ドラゴンボール　笑）。

20世紀最大の神秘家の1人、ダイアン・フォーチュン女史の名著『神秘のカバラー』(国書刊行会発行)の中に、彼女がある偉大な人物に言われたという秘密の言葉が書かれています。

もし神とは何かを知りたいとすれば、ひと言で語ることができる。神とは圧力なのだ。

このドラゴンボールこそ、神の圧力の正体です。

「しっぽ(尾骨と仙骨)に包まれるように、聖なる中心はある」と前述しましたが、次頁の図が、人間のしっぽ(尾骨と仙骨)部分です。

このしっぽ部分に包み込まれるような大きさの、ドラゴンボールをイメージしてみてください。その中心に悟りゲートはあります。

ドラゴンボールの内側では、膨張する力と凝結する力が拮抗しながら、ものすごい圧力を生み出しています。ドラゴンボールの中には、神なるエネルギーがはち切れんばかりに詰まっていて、そのエネルギー密度が高まれば高まるほど、その中心もどんどん活性化していきます。そこに悟りゲートが出現します(悟りゲートが出現する=悟りゲートが開く)。

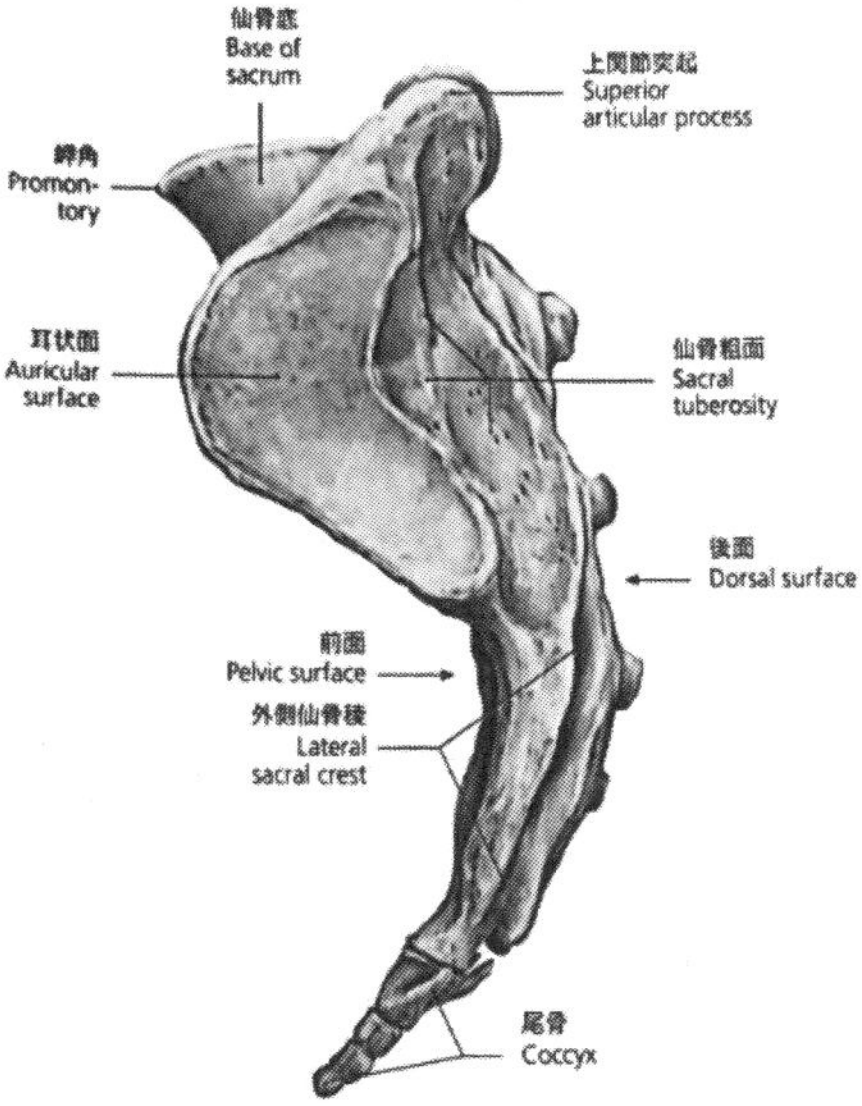

ブログ「野球×理学療法士」より引用

神主が神社で唱える祝詞《のりと》の中に「高天原に神づまります」という言葉がありますが、それは、この状態を表現したものです。高天原とは腹、すなわち、氣海丹田のことでもあります（補足参照）。

そんな神の凄まじい圧力を、「楽禅ヨガ」を実践するだけで、誰でも簡単に体験することができるのです。

「悟りとは　悟らで悟る　悟りなり
悟る悟りは　夢の悟りぞ」（本物の悟りとは、悟ったなどと思わないで悟るものであり、悟ったなどと思っているような悟りは、偽物の悟りだぞ……という意味）という古歌がありますが、この神の圧力を失わないとき、悟ったなどと思わなくとも、そこに悟りはあるものなのです。

補足

白峰先生いわく「シャンバラは聖なるオーブの塊、エネルギーのプラズマ球で、その中心にセントラルサンはある。

それを、神道では『中今（なかいま）』と言う。

『中今』とは、過去・現在・未来を超越した永遠の時の流れの中心点のことだ」と。

つまり、ドラゴンボール＝シャンバラ（エネルギーのプラズマ球）であり、その中心に悟りゲート＝セントラルサンがあると言えるでしょう。

つくづく、人体は小宇宙なのです。

巻物に書かれた「坐」の文字

さて、「楽禅ヨガ」の説明に入る前に、皆さんにお伝えしなければならないことがあります。
実は、老師が呉式太極拳の全伝をマスターしたとき、秘伝の巻物を授けられたそうなのです。その巻物には、いったいどんな秘伝が書かれていたのでしょうか？

老師いわく、「巻物には『坐』という一文字だけが書かれてあった」と。

その話を聞いて以来、この「坐」という一文字が、僕のアタマから離れることはありませんでした。たしかに、立っているけど、坐っているような感覚（丹田の浮遊感覚）というのは、氣功の極意です。たとえるなら、上半身が人間で、下半身が馬のケンタウルスになったみたいな身体感覚です（笑）。これはまた、太極拳や合氣道の達人の人間離れした安定感の秘密でもあるのです。

しかし、そのことだけを伝えるために、わざわざ「坐」という一文字を、書き残したのでしょうか。僕には、もっと深い何かが隠されているように感じられ、そのことがずっと氣掛かりでした。

ところが、先山千光寺で突然のテレパシー通信があったとき、この長年の疑問が氷解するとともに、「坐」の一文字で伝えたかった何かが分かったのです。

「坐」の一文字は、時空を超えて僕自身に向けられたメッセージでした。まさか、その一文字に、「楽禅ヨガ」の型の全容が秘められていたなんて……。

「楽禅ヨガ」は、準備功、基本功、応用功の3つの氣功法で構成されています。ここでは、基本功のやり方を説明します。

「楽禅ヨガ」の心得　七ヶ条

第一条　しっかり坐り込んで、その坐り込む力で腰を立てる（背筋をまっすぐに伸ばす）。

第二条　背伸びするように、〇〇下を伸ばす（〇〇部分は後述）。昔からの教えに「お尻の下に紙一枚を入れよ」とあるが、イスから立ち上がろうとする直前の姿勢で（そのとき、お尻の下に紙一枚入れた感じになる）、背伸びするように○○下を伸ばす。

第三条 頭の後ろに組んだ両手の甲に、後頭部を軽く押し当てる。

第四条 頭頂から糸で吊り上げられているイメージを持つ。かつ、その糸にぶら下がるイメージで脱力していく。

第五条 両肩甲骨の間をしっかり広げる。その結果、両肘が正面を向く。

第六条 そのときのお腹の固さ（神の圧力）をチェックする。お腹の内側から張り出す力を感じるとともに、命門（ヘソの真裏にあるツボ）が食い込むような感覚が生じる。

第七条 各自、内観力（補足参照）を深めながら、日々、神の圧力がより高まるように工夫する。象徴伝達は、一つを深めることに基づき、その体得には、同じ一つの型に無限に触れ、無限に体感する必要があるから。

補足

僕は、老師から内観の大切さを教わりました。内観には色々な意味がありますが、老師の言う内観とは、身体の内側に意識を向けることです。僕は20年以上、内観力を高め続けています。僕が合氣道の不思議な技をたった一年で使えるようになったのも、内観力のおかげだと感じています。その証拠に、30年以上も稽古に励んでいた兄弟子は、合氣の極意をつかめないままでした。

内観力が高まってくると第六感が覚醒し始めます。すると、相手のパンチが来る前に、相手の意識（氣）が先に向かってくるのも、分かるようになります。その相手の意識（氣）に技をかけるのが、本当の合氣です。ということは、向かってくる相手の氣が弱ければ、技も鮮やかにかかりにくくなるわけです。だから、合氣道開祖の植芝盛平は、わざと相手を挑発することを言ったりしました。

また、「第二条　背伸びするように、○○下を伸ばす」と、○○部分をあえて伏字にしているのは、○○部分にどんな言葉が入るのか、各自、「楽禅ヨガ」の型に教えてもらってほしいからです（笑）。正解した方は、相当な内観力の持ち主です（○○部分は後述）。

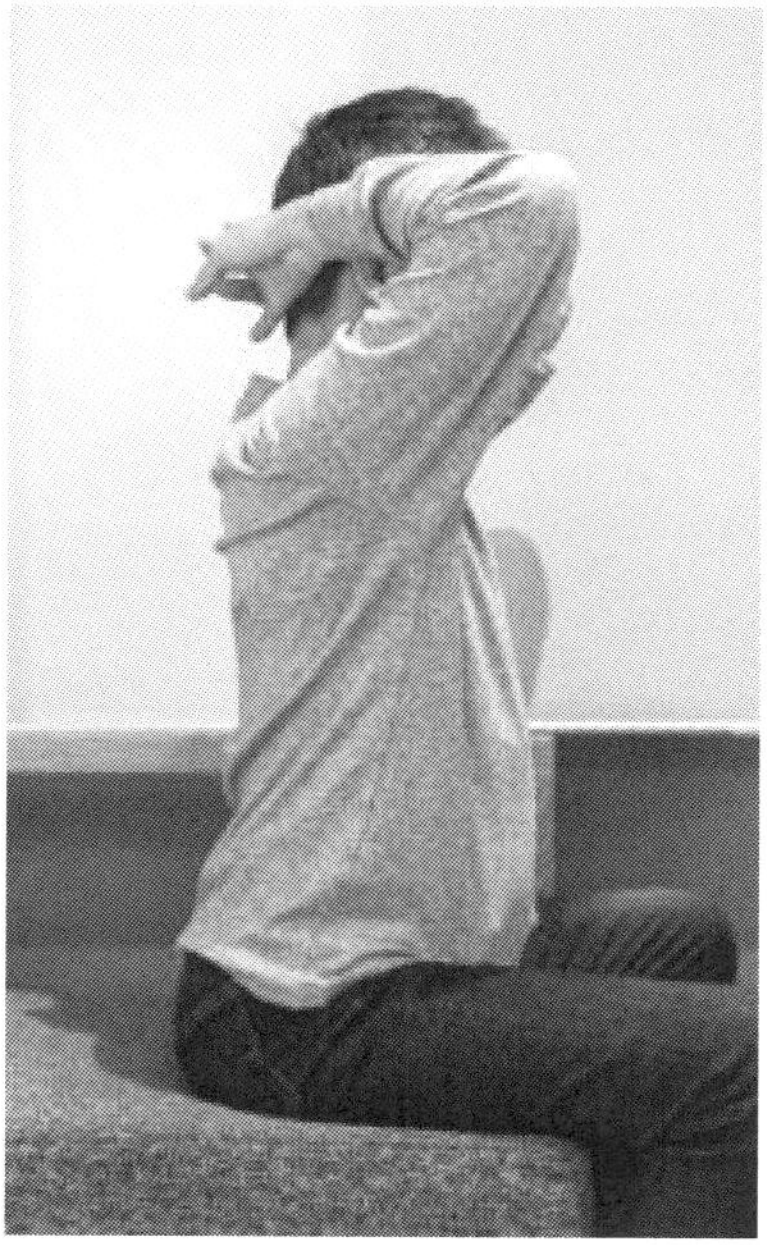

楽禅ヨガ（基本功）横から

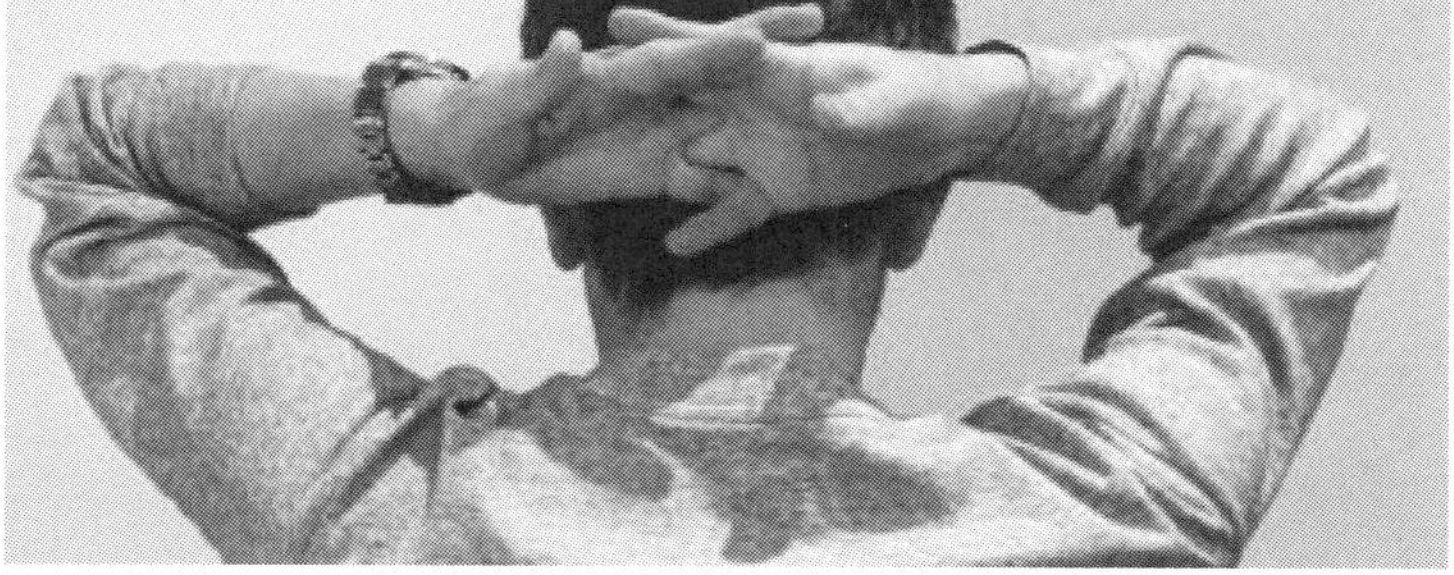

楽禅ヨガ（基本功）後ろから

「楽禅ヨガ」の型の中には、無限の情報が込められているので、到底、本には書き切れません。好奇心を刺激された方は、ぜひ、僕が講師を務める「神伝　悟りのヨガセミナー」に参加してみてください。悟りゲート体得の前提条件である中心軸の貫通が、このセミナーで達成されます。とは言え、一度に指導できるのは10名。氣の詰まりを根こそぎ解消する「中心軸氣功整体」に、尋常ならざるエネルギーを必要とするためです。

三種の神器ラインの発動

以前、老師が「日本神話の『古事記』に書かれた神さまは、すべて身体の中にある」と、さりげなくスゴいことを言われたことを思い出し、次のような関連性に氣づきました。

三種の神器の「鏡」は大宇宙の中心にある霊的太陽（セントラルサン）を表します。宗忠の神秘体験もそうです。この霊的太陽と一体になって、私たちは輝身《かがみ》となるわけです。「勾玉」は大宇宙のスピン力」を表し、「草薙剣」は大宇宙の中心軸を表します。草薙剣はヤマタノオロチのしっぽから出たので、やはり、しっぽがキーワードです。

なるほど、三種の神器を祀る型として、「楽禅ヨガ」は降ろされたのです。祀りとは真釣りで、人体の中心と宇宙の中心を、真に釣り合わせることでもあります。

そして、淡路島にある先山千光寺は「大宇宙の中心にある霊的太陽（鏡）」に、飛騨高山にある袈裟山千光寺は「大宇宙のスピンカ（勾玉）」に、大阪にある犬鳴山七滝瀧寺の倶利伽羅龍王は「大宇宙の中心軸（草薙剣）」に対応するパワースポットだったことにも氣づきました（勾玉は陰陽魚とも呼ばれますが、両面宿儺も陰陽両面の顔の持ち主です）。

すると、「飛騨高山の袈裟山千光寺と淡路島の先山千光寺を直線で結べ」というインスピレーションあり！

さっそく、日本地図を取り出して直線を引いてみると、なんと！　その直線は我が家のある京都市中心部をズドンと貫いているではないですか！

三種の神器に対応するパワースポットが、我が家で一直線に結ばれたということは、いつの間にか、我が家が倶利伽羅龍王を祀る分社になっていたということです。犬鳴山七宝瀧寺で、倶利伽羅龍王が我が身に宿ったのは、このためでもあったのか!?

まさに、日本龍体に「レイライン」ならぬ「三種の神器ライン」が発動！　三種の神器が揃ったとき、霊の本のエネルギーは起動します。そのとき、霊の本、すなわち、聖なる中心は定まる（出現する）からです。それはまた、私たち一人一人の悟りゲートを覚醒させ、嬉し楽しのミロクの世を実現させる、パワフルな後押しとなることでしょう。その日が、奇しくも、令和5年6月7日、すなわち、ミロクの日だったのです。

童歌「かごめかごめ」に秘められた暗号
――身体自身の持つ働きが命であり神である――

さて、新たな発見は止まることを知りません（笑）。なんと、童歌「かごめかごめ」に暗示された鶴と亀の謎まで、解けてしまいました。

童歌「かごめかごめ」の歌詞は、次のような意味深なものです。

かごめかごめ
籠の中の鳥は
いついつ出やる
夜明けの晩に
鶴と亀が統べった
後ろの正面だあれ？

まず、「籠の中の鳥」とは何を意味しているのでしょうか？　私たちの多くは、頭の中に自分が閉じ込められているように感じています。それを、籠の中の鳥だと暗示しているのです。でも、その籠は隙間だらけ……。

本当はいつも私たちが命とつながっていることも、暗示されていたわけです。

仙道家の島田明徳さんの『「病」の意味』（地湧社発行）には、命について、次のような文章が書かれています。心不全になったおかげで出会えた本です。以下、該当部分を引用します。


心臓は誰が動かしているのでしょう？

普段こんなことは考えたこともないと思いますが、ここで真剣に考えてみてください。

心臓を動かしているのは、自分自身でしょうか？

それとも自分以外の「誰か」が動かしているのでしょうか？

もちろん、自分以外の「誰か」が自分の心臓を動かしているなどということはありません。

けれども、自分が自分の意志で心臓を動かしているわけでもありません。

自分のはずだけれど、自分という自覚はない『何か』が心臓を動かしているのです。

（中略）

自分の身体のことを、私達は自分の身体だと思っていますが、この自分の身体のことを自分自身がほとんどわかっていないのも事実だと思います。

自分で動かせる部分、つまり、自分の意志が及ぶ部分に関しては、自分の身体と言うこともできるでしょうが、幸か不幸か、私達の身体のほとんどは自分の意志で動かすことができません。
身体のほとんどの部分が自分の意志では動かせないにもかかわらず、自分の身体と思っているのは、何か変な感じがしませんか。
「自分の身体」と言うには、あまりにも身体をコントロールできなさすぎるのです。
自分の心臓のはずなのに、自分の意志で心臓を止めたり動かしたりできませんし、内臓の働きも血液の流れも、自分の意志ではどうすることもできません。

このような、自分の身体とは言えないような身体自体のもつ働き、この働きが私たちを誕生させ、維持し、生かしている（存在させている）と、島田明徳さんは言います。

身体自身の持つ働きが、命であり神なのです。

私たちは、自分という意識が芽生える前も、丸ごと全部、命に支えられて生きてきました。今の僕も、そのときの僕とまったく変わらないのに、いつの間にか、自分一人だけの力で生きているように、勘違いしているわけです。

だからこそ、もう一度、私たちを根っこで支えてくれている命とつながり、個の意識（人意識）と全体意識（神意識）が融合した新たな視点（神人合一意識）を獲得することが、全人類に課せられた使命でもあるのでしょう。

つまり、私たちが全体意識から離れたのは、退化でなく進化だった。

エデンの園からの追放は、原罪ではなかったのです。

童歌「かごめかごめ」に秘められた暗号
――大宇宙のスピン力が渦巻くドラゴンボール――

さて、「鶴と亀が統べった」の説明に入りたいと思います。

まずは、次頁の画像をご覧ください。亀さんがいるでしょう！（笑）

実は、仙骨が亀で（尾骨は亀のしっぽ）、脊髄は鶴を暗示しています。

つまり、鶴と亀が統べる＝脊髄と仙骨（＆尾骨）がひとつにつながることによって、私たちは籠から脱け出して、再び、私たちの本体である命の世界（エデンの園）に帰還でき

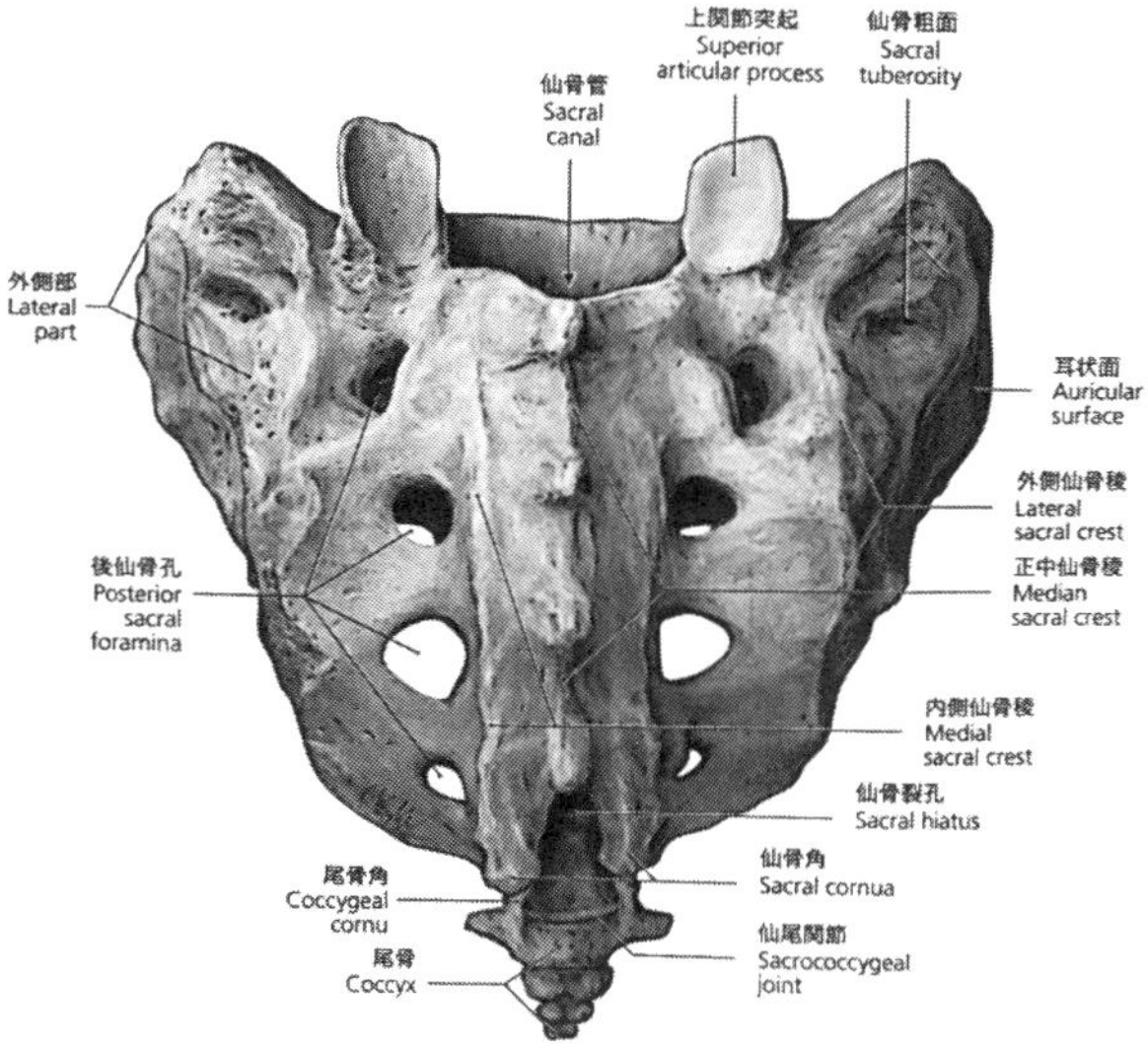

ブログ「野球×理学療法士」より引用

るということです。その時、後ろの正面、すなわち、自分の本体である命の存在にも氣づくのでしょう。両面宿儺の後ろの正面も、このことを暗示していたのです。

そして、脊髄と仙骨（&尾骨）をつなげる鍵は、命門（ヘソの真裏にあるツボ）にあります。

命門とは、その名のとおり、命の世界につながる門だったのです。年をとって腰が曲がると老け込んでしまうのは、そこから氣が漏れてしまうからです。

「楽禅ヨガ」の心得（第六条）に書い

た命門（ヘソの真裏にあるツボ）が食い込むような感覚とは、尾呂中正《びろちゅうせい》によって生じる感覚です。尾呂中正は氣功用語で、尾呂とは尾骨のことです。

中正の中という字は◯に—で、しっぽ（仙骨と尾骨）に包まれるように存在するドラゴンボール（◯）と中心軸（—）を表しています。中正の正という字は、一に止まると書きます。

太極マークが球体になったドラゴンボールをイメージしてみてください。その球体のど真ん中を中心軸が貫いています。その中心が悟りゲートであり、一であり、太極なのです。その一に止まるという意味が中正です。太極拳は、その一点から生じるエネルギーを、相手に伝えています。そして、中心軸の周りを、陰陽のエネルギー（太極マークの陰陽魚）、すなわち、大宇宙のスピン力が渦巻いているわけです。

ここで重要なことは、ドラゴンボールの上端が、命門とヘソを結ぶラインだということです。

「上虚下実《じょうきょかじつ》」という氣功用語があります。これは、上半身の余分な力みや緊張が抜けて、丹田に象徴される下半身に力が充実している状態を意味します。

スマホやパソコンの普及により、目や頭を酷使することが多い私たちは、特に、氣が上がりやすい傾向にあります（よく使う部位に氣は流れる性質があるためです）。氣が上がると、地に足がついていない状態となり、心も不安定になります。その不安定な心が、不安や恐れや執着の原因ともなっているのです。ムカつくという言葉や、カッと頭に血が上るという言葉も、本来、丹田に納まっているべき氣が、胸や頭にまで上がってしまった状態を表す言葉です。

だから、命門はいつもグッと食い込ませて、しっかり栓を閉めておかなくてはなりません。命門とヘソを結ぶラインから上に氣を上がらせないためです。そうすれば、丹田にエネルギーがどんどん集まるようになります。

やがて、その凝結したエネルギーはドラゴンボールとなり、その中心に、悟りゲートが出現するというわけです。

ゼロから現れる無限

ここで、悟りゲートについて、さらに深掘りして考えてみたいと思います。
私たちは中心を点でイメージしますが、その点は面積0であるはずです。たとえ0・01ミクロンの点であっても、それを顕微鏡で拡大すれば巨大な広がりとなり、中心とは言えなくなるからです。

円をイメージしてみてください。そして、その円の内側に、マトリョーシカのように、より小さな円をどんどん描いてみてください。すると、点みたいに小さくなった円の中にも、無限に小さい円を描くことが可能だと分かります。

ではどこまでいったら、もうこれ以上小さな円を描けなくなるのでしょうか？
その時こそ、面積ゼロの点、すなわち、中心にたどり着いたことになるのです。
それは、円周という内側と外側を隔てる境界線が無くなったとき。つまり、円周という境界線が無くなったとき、それ以上、小さな円も無くなるということです。

それが面積ゼロの聖なる中心です。

今度は、マトリョーシカの逆バージョンで、どんどん大きな円を外側に描いてみてください。どんなに大きくしても、円周という境界線によって、内側と外側に分断されている限り、その外側に無限に大きな円を描くことができるでしょう。

ではどこまでいったら、もうそれ以上大きな円を描けなくなるのでしょうか？

もうお分かりですね。それも、円周という内側と外側を隔てる境界線が無くなったときです。つまり、円周という境界線が無くなったとき、それ以上大きな円も無くなってしまう。

それは、無限です。

ここで、不思議な一致に氣づくことでしょう。境界線が無くなったときがゼロであり、かつ、無限ということは、ゼロ＝無限ということになります。

ゼロは何も無いということではなかったのです。
ゼロは無限でもあった……。
そのゼロから、無限の智恵や能力、ヒト、モノ、カネも、現れてくるのです。

無限を引き出せる無敵のゼロ

つまり、面積ゼロの聖なる中心は、物質次元を超えています。だから、身体の中に宇宙があるということにもなります（補足参照）。

豊臣秀吉のように裸一貫から大成功した人に、私たちがワクワクする理由も、そこにあるのかもしれません（その証拠に、天下人になってからの秀吉に、トキメキを感じる人は少ないのではないでしょうか）。

それは、自分にも秀吉と同じ無限が備わっているから。きっと自分の中の無限（神）が、その全知全能性を発揮したくて、渦《ウズ》いているのです（笑）。

補足

中心軸によって地球の中心とつながることは氣功（ヨガ・坐禅も氣功）のスタート地点です。悟りゲートを開いて地球の中心そのものとなることが、氣功のゴールです。なぜかというと、中心軸でつながるといっても、地球の中心まではとても遠いからです。太陽の中心はもっと遠く、宇宙の中心は果てしなく遠いです。

でも、悟りゲートを体得すれば、人体の中心即地球の中心即太陽の中心即宇宙の中心となる……。

そのとき、宇宙の中心にある霊的太陽（セントラルサン）と、一体になるということです。

これが、神道における「腹日《はらひ》」と言われる状態です。

日《ひ》＝霊《ひ》であり、その名の通り、腹に日（霊的太陽）が宿るのです。

この「腹日《はらひ》」から「祓《はら》ひ」の働きも出てくるわけですね。

ちなみに、「禊《みそぎ》」は「身削《みそ》ぎ」で、肉体＝自分という錯覚を、削ぎ落とすことです。

その時、ゼロとは無限を入れる器ではないかと直感しました。でも、普通の器ではありません。
ゼロは底抜けの器だから、無限を入れることができるのです。童歌「かごめかごめ」の籠は、この比喩《ひゆ》でもあったわけですね。籠も隙間だらけの底抜けの器ですから……。ということは、本来、私たちは底抜けの器で、命とツーツーにつながっていて、いつでも無限を引き出せる無敵のゼロの存在だということです。

それなのに、無敵のゼロということを忘れているから、無限の智恵と能力と運を引き出せないでいた……。まさに、宝の持ち腐れだったわけです。

とは言うものの、いつも自分が無敵のゼロであり続けるための、コツみたいなものは存在するのでしょうか？

この世はまったく相対的な世界ですが、善悪、美醜、貧富の区別という境界線があることと自体が、私たちを困らせることはないでしょう。

でも、私たちがその一方を好み、もう一方を嫌ってしまったとき、そこに悩みや葛藤が生まれ、私たちを困らせる存在となってしまうのです。

つまり、私たちが好き嫌いの感情を持ったとき、取捨選択する自分がムクムクと誕生して（自分と自分以外の間に境界線が生じて）、私たちはゼロではなくなってしまうということです。

そういえば、僕のひいおばちゃんは何を聞いても「なまんだぶ、なまんだぶ、ありがたい、ありがたい」が口癖でした。良い話を聞いても、悪い話を聞いても、どんな話を聞いても、無条件にそうでした。僕が転んで足を擦《す》りむいたときでも「それは痛かったなぁ。なまんだぶ、なまんだぶ、ありがたい、ありがたい」でした。

その頃の僕は「何がありがたいんじゃ。全然ありがとうないわい（広島弁）」と思っていましたが、なぜか、ひいおばちゃんの「なまんだぶ、なまんだぶ、ありがたい、ありがたい」を聞くと、ものすごく安心感に包まれたことを覚えています。

今ならその理由も分かります。ひいおばちゃんは、どんな理不尽なことが起こっても、愚痴や不平や不満を言いませんでした。当たり前のように、どんな現実も、淡々と、かつ、感謝で受け入れていたのです。果たして、私たちはこれほどの強さを持てるのでしょうか……。

日本人のＤＮＡに刻まれる無条件の愛と許し

今にして思えば、僕のひいおばあちゃんは、本当にありがたかったのだと思います。というのも、前述の栄宗寺住職のブログに、次のような言葉を見つけたからです。以下、該当部分を引用します。

私たちの生は、固定的な「意味」を持ちません。
だから「間違いなく人生には意味がある」「人生に意味なんてない」
そのどちらも、私たちの生は無条件に受け入れます。
私たちの生は、固定的な「意味」を持たないからこそ
あらゆる意味を無条件に受け入れます。
たとえ「無意味」という意味であったとしても、です。
私たちの生は、何も拒絶しません。
それは「愛の機能」としか言いようがありません。

私たちの生は、生きることも、死ぬことも
苦しむことも、悲しむことも、楽しむことも、喜ぶことも
差別することなく、平等に受け入れます。
あらゆる感情が、私たちの中に生まれることが許されています。
この生において、あらゆる感情を感じることが許されています。
それは愛の機能です。私たちの生は、愛の機能そのものです。
その愛は、無条件過ぎて、私たちに無関心なのではないかと勘違いしてしまうほどです。
しかし、そんな勘違いさえ許される程に、私たちの生は一切を無条件に許している
愛の機能そのものなのです。

どこの映画館にもスクリーンがありますね。
スクリーンがなければ映画は上映できません。
そして、スクリーン上にはありとあらゆる映画が上映されています。
恋愛映画・アクション映画・ホラー映画・コメディ映画・シリアス映画・ｅｔｃ
スクリーンはえり好みなしに、それらの映画を映し出します。

スクリーンは、何であれ様々な映像が自分の上に映し出されることを許しています。

そして
爆破シーンを映しても、殺戮シーンを映しても、そのことによってスクリーンが傷ついたり、破れたり、汚れたりすることは決してありません。

映像が終われば、スクリーンはまっさらきれいなままです。

スクリーンには
「あの映像は映していいけど、この映像は映しちゃダメ」

などという区別・差別がありません。

あらゆる映像が映ることを、無条件に許している。

それがスクリーンの機能です。

(中略)

あなたの上に映し出されるさまざまな感情、さまざまな思い。

それらはすべて、映し出されることが許されて映しだされているものばかりです。

そして、スクリーンであるあなたは、映し出される感情や思いに傷つけられることもなく、汚されることもありません。

あなたはただ、それらの感情や思いが自分自身の「今というスクリーン」に映し出されることを、許してさえおけばいいのです。

「おかしい、矛盾している」という思いが映し出されることを、映しだされるままに許してください。

「どうせ何も変わらない」という思いが映し出されることを、映し出されるままに許してください。

「わかったような、わからないような」という思いが映し出されることを、映し出されるままに許してください。

「よし、許そう」という思いが映し出されることを、映し出されるままに許してください。

どんな思いでも構いません。

出てきた思いが出てきたままに映し出されることを、許してください。

いまのあなたが、そのまま「いま、ここ」というスクリーンであり、ホワイトボードです。

いまのあなたが、そのまま「許し」そのものなのです。


いつもゼロだった僕のひいおばあちゃんも、この無条件の愛と許しのエネルギーに、満たされ続けていたのだと思います。その愛と許しのエネルギーに包まれて、何とも言えぬ安らぎと癒しを、僕は感じていたのでしょう。

日本人のＤＮＡの中には、この「なまんだぶ、なまんだぶ、ありがたい、ありがたい」が刻み込まれていると思っています。

僕自身、絶体絶命のピンチの時、思わず「なまんだぶ、なまんだぶ」という言葉が口から出てしまい、そんな自分に驚いたことがあります（笑）。

先祖を含め、数えきれないほど多くの人たちが、この言霊に救われ、安らぎと癒しと奇跡を体験してきたのです（補足参照）。

この言霊を唱えると、そんな奇跡の霊的空間と共鳴するから、絶体絶命のピンチのときも助かるわけですね（以前、「ありがとうブーム」がありましたが、それもこの霊的空間からのコーリングだったのでしょう）。

補足

実は、神さまも仏さまも、あなたの中にいらっしゃるのです。Ｏｎｅ＝Ａｌｌ（ワンネス）なのですから、神さまや仏さまは、あなた自身です。あなたの内面世界が具現化された世界（領域展開された世界）が現実ですから、内も外も同じなのです。だから、神さまや仏さまを信仰することは、素敵なことです。その結果、不安や恐れがなくなった身体に、悟りゲートは出現するのですから。

第四章

安心感と至福に包まれる「さとり」

僕の本質はずっと無色透明のまま

さて、人間はゼロから生まれてきて、ゼロになって死んでいきます。ということは、私たちはゼロになるために生まれてきたと言っても過言ではない……。いや、ずっとゼロだったのかもしれません。

常々、僕は思うのですが……（TVドラマ『ミステリと言う勿れ』の久能《くのう》整《ととのう》くん風で笑。このドラマはおススメです。ぜひ、第1話だけでもご覧ください）。結局、こうして何十年も生きてきたけど、自分というのは何も変わらないもんだなぁ……。今の僕は、しみじみとそう思うことがよくあります。いったい、僕は自分の何が変わらないと感じているのでしょうか……？

子どもの頃の僕は、よく女の子みたいと言われていたのに、今や、ヒゲを生やしたまったくの別人です（笑）。知識や経験が増すにつれ、あるいは、生活環境や人間関係の変化に伴い、僕の性格もずいぶん変化してきたように思います。それなのに、自分の何が変わらないと感じているのか……？

私たちが赤ちゃんだった頃、つまり、言葉を覚える以前の私たちに、自分という意識はありませんでした。言葉無しには自分という意識が存在し得ないってことです。その証拠に、言葉が無いとき、いとも簡単に自我は消えてしまいます。

でも、自我が無くても、私たちはちゃんと生きていました。ということは、自我が芽生える以前から存在し続けていた自分（後ろの正面）を、今の僕は何も変わらないと感じていることになります。

その自分（魂の自分と言ってもいいかもしれません）は、無色透明だからこそ、どんな自我の色にも100%染まることができます。だから、僕の身体に入ったら、僕に100%なり切れるし、Aさんの身体に入ったら、Aさんに100%なり切れるのだと思います。

そう考えると、以前、男の子と女の子の魂が入れ替わってしまう『君の名は。』というアニメ映画が大ヒットしましたが、そもそも、入れ替わったこと自体に、本人たちは氣づかないんじゃないかと（笑）。

僕が「こうして何十年も生きてきたけど、自分というのは何も変わらないもんだなぁ」と感じるのは、自我の奥に、無色透明のままの自分を感じていたから。

ということは、成長や進歩しているかのように見える自分は、幻想ということになってしまいます。だって、僕の本質はずっと無色透明のままなのですから。

このことは、私たちを成長神話の呪縛から解放し、ものすごく楽な氣持ちにさせてくれる一方、もし、私たちに成長や進歩がないと言うなら、いったい何のために生きているのでしょうか？

よく考えてみると、私たちは、自分で行為し、自分が思考して生きていると思っています。

しかし、人生全般を見渡してください。経験はすべて与えられ、思考もすべてさせられているのではないでしょうか……。出来事はすべて、それが起きてから認識します。まったくの受け身なのです。思考も同じです。

思いが出てから、考えが出てから、その後で、それが自分の思いであるとか、自分の考えであると認識しているのです。

頭では「こんなダメ男とつきあっていたら幸せになれない」と分かっているのに、自分の感情も行動もどうすることもできず、ダラダラとつきあってしまう。

そもそも、どんな思考が湧き出てくるのかさえ、自分ではコントロールできない（瞑想経験のある方なら誰でも共感されることでしょう）。

もちろん、1秒先の未来も分からない。まさに、自分は「まな板の上の鯉」状態で、自分の人生なのに何の手出しもできないということです。

パラドックスな開運法則「無条件降伏＝無条件幸福」

慶應義塾大学の前野隆司教授が提唱する「受動意識仮説」という、人間の意識と無意識に関する学説があります。すべての意思決定は意識する以前、つまり、無意識下で行われていて、意識は受動的に過去になされた意思決定を、合理的なものとしてエピソード記憶する役割しか持っていないのではないか……という仮説です。

それを裏付ける、カリフォルニア大学サンフランシスコ校の生理学者、ベンジャミン・リベットによる実験もあります。

それによると、私たちが様々な物事を「自分が〇〇する」と、自由意志によって決めていると実感する、その０・35秒くらい前に、無意識的な脳の神経活動が、あらかじめ意思決定を終えていたと言うのです。

なんと、自由意志だと意識されることのほとんどは、脳の無意識的な活動が先行して決められていたことだった。だから、どんなにお金を貯めこんでも、どんなに理想の伴侶を得ても、どんなに健康であっても、いつまでたっても安心できなかったのです。

それらは、私たちがコントロールできるようなものではなく、たまたま、そんなプログラムに過ぎなかっただけ。だからこそ、「何があっても大丈夫！」という究極の安心を求めてしまうのではないでしょうか。

心底、私たちは安心と思える愛や癒しを得たいだけなのです。

とは言っても、何から何までプログラム通りの私たちに、そんな究極の安心を手に入れることが可能なのでしょうか……？

まったく逆説的なことですが、実は、どんなイマココにも、無条件降伏さえできたなら、そこに、究極の安心があるのです。

どういうことかと言うと、願い事が叶ったとき、私たちは何を見ても聞いても、ありがたく、嬉しく、楽しく思われて、まるで人生が薔薇《ばら》色に輝いているかのように感じるでしょう。

果たして、そのような幸福感に包まれるのは、願い事が叶ったからでしょうか？　そうではなく、たまたま願い事が叶ったことによって、ありのままのイマココを受け入れることができたからではないでしょうか。

私たちがイマココへの一切の抵抗を放棄したことこそが、その幸福感の真の原因ではないでしょうか。そのとき、自分は無色透明のゼロになっていて、無条件の愛という無限に包まれているのですから。

どんなイマココでも受け入れるとき、私たちは無条件の愛そのものです。それは、無条件に許すことです。そして、無条件の許しと無条件の愛は、コインの裏表の関係なのです。

その愛に癒されるとき、そこに、私たちが求めていた究極の安心はあった……。

まさに、無条件降伏＝無条件幸福だったのです！

そもそも、１秒先の未来も分からない自分に、人生の主導権があると勘違いしてしまったことに、あらゆる不安の根本原因があったわけです。

そんな頼りない自分が、家族を養わなければならないなんて、分不相応なことを思ったりするから、その責任の重さに押し潰されそうになって苦しんだりするのです。

「人生の主導権を明け渡しても大丈夫？」と不安になるかもしれませんが、これまでも自分に人生の主導権は無かったわけで（笑）、その事実を素直に認めましょうというだけの話なのです。

それさえできたら、ゼロから無限が現れて、湧《わ》き出る思考が変わり、行動が変わり、環境が変わり、どんな出来事も大吉に転じていける。

そんな無敵の無条件幸福人生が実現するわけですが、その前提条件となる「無条件降伏」が、簡単なようで、なかなか手ごわい問題なのです。

なぜかと言うと、自分をすっかり明け渡して、我が御主人さまである命にお仕えしようにも、いったい何をすればいいのか分からない……。肝心な御主人さまのメッセージが、ちっとも分からないからです。そのため、宙ぶらりん状態になって、なかなか明け渡せないでいたのです。

ならば、話は簡単です。私たちが御主人さまのメッセージを受け取れるようになればオッケーってことです。とは言え、そんな裏技が存在するのでしょうか？

明け渡しスイッチをオンにする「腹」

その答えは、「岡田式静坐法」創始者であり、教育者でもあった岡田虎二郎（１８７２年～１９２０年）の言葉の中にありました。門下生は最盛期で１万～２万人と言われ、田中正造、安田善次郎、徳川慶喜、渋沢栄一、宮澤賢治、後藤新平など、当時の著名人も数多く在籍していました。

その言葉とは、「思案するより黙って坐れ、坐っておれば思案した以上の智慧が内から湧いて出る」です。

自分でアレコレ思案するのは、命に明け渡してないってことでしょう。だから、虎二郎は「思案するヒマがあったら、黙って坐れ」と言うのです。

そうすれば、思案した以上の智慧、すなわち、内なる御主人さまのメッセージを受け取ることができると……。

他にも、虎二郎は次のような言葉を残しています。

「無念無想になろうとか、精神統一とか、精神集中などは一切考えてはいけません」

「無念無想になろうとするな。ただ油断なきこと、腹の力を抜かぬこと」

「静坐中いろんなことが思われるのは、思うまいとしないで、風の通るように勝手に通らせておいて、心を丹田の方にもってくるのです。静坐中、丹田の力を忘れたりしてはいけません」

「嫉妬、憎悪、憤怒、野心、疑心、その他の悪徳のおこる時は、丹田の力が抜けています」

「眠っているような状態を求めるのは誤りである。過去を思わず未来を考えず、妄想を起こさずに、ただ姿勢を正しくして腹に力を入れることだけを考えればよい」

「つねに身体の重心を安定させることを心がけていればよい。身体が定まらないで心を静かにしようとするのは、桶を揺り動かして、中の水を静かにしようとするようなものである」

虎二郎が「無念無想になろうとしてはいけない」と言うのは、その思いが雑音となって、逆に、御主人さまのメッセージを受信できなくさせてしまうからです。

そうではなく、常に、腹に力を込めること（かつ、腹の力を抜かぬこと）が、御主人さまのメッセージを受信する秘訣だと言っているわけです（メッセージと言っても、一瞬ですべてが理解されるような感じで、一括ダウンロードという表現が適切かもしれません。その中には「見える」「聞こえる」とはケタ違いの、膨大な量の情報が含まれているのです）。これは重要すぎるポイントです。でも、このことは、虎二郎だけの専売特許ではありません。

前述の春充や宗忠、そして、「駿河には過ぎたるものが二つあり　富士のお山に原の白隠」と、富士山と並び称された白隠禅師など、数々の聖賢たちも、口を酸っぱくして述べていることとです。カバラーの「神は圧力なり」という口伝もそうです。

だから、どんな人にも「まあ黙ってお坐りなさい」とだけ、虎二郎は教え諭したのです（岡田式静坐法は、腹に力を込める坐禅法）。

また、虎二郎は「古《いにしえ》の聖人の教えは一番やさしいことである。ゼロであって決してむずかしくない」という言葉も残していますが、まさに、悟りゲートを開くことが、ゼロになることなのです。

その秘訣、すなわち、聖人の教えのエッセンスは、腹に力を込めること。

するとと、悟りゲートから御主人さまが現れて、直感やインスピレーションを与えてくれるというわけです。宗忠も「腹に力を込めることさえ忘れなければ、そのうち教えもあるだろう」と述べていますが、腹に力を込めるだけだから、一番やさしいことだと言っているのです。明け渡しが難しいと思われたのは、単純に、腹に力を込めることを知らなかったから。

御主人さまのメッセージとは、腹から湧き出てくるものだったのです。「腹が固まる」「腹が決まる」「腹に落ちる」という慣用句も、この感覚を伝えていたわけです。

それに、腹の力が抜けているときに、私たちは悩んだり、不安になったりするものです。

まさか、腹に力を込めることが、明け渡しスイッチをオンにする（御主人さまからのメッセージ受信装置を起動させる）秘訣だったなんて……。

また、虎二郎には、次のようなエピソードも伝わっています。

ある男が「お金に困っている。どうしたらいいか？」と、虎二郎に相談したところ、虎二郎は「金？　腹に力がつけば、金はいくらでも出来ますよ」と答えたそう。悟りゲートこそ、スピリチュアルでよく言われる、宇宙銀行の引き出し口でもあるからですね。「無一物中無尽蔵」という禅語も、七福神の大黒天や布袋和尚の立派なお腹も、このことを伝えたものでしょう。

宇宙銀行には、無尽蔵の福禄寿（補足参照）が、神づまっています。倶利伽羅龍王さんは、そんな宇宙銀行とのパイプ役だから、「あらゆる願いを叶え癒やしてやるぞよ」と、大断言されていたのです。

補足

華僑（中国国籍を持ったまま海外に居住する人たち）は、現在、全世界に6000万人以上おり、その資産規模も2兆5000億ドル（約280兆円）以上とされています（世界長者番付でも日本人の倍以上の数の経営者がランクイン）。白峰先生いわく、その華僑に伝わる幸せなお金持ちになる秘訣が「福禄寿」だそうです（帝王学全168巻の最初に書かれてある言葉だとも）。

福は愛され運、人氣運、人間関係運、禄は金運、財運、寿は健康運を表します。
この3つが揃わなければ幸せなお金持ちになれないというわけです。

氣功の秘伝とはイメージ言語なり！

とにかく、明け渡しの秘訣は「常に腹に力を込めること、かつ、常に腹の力を抜かぬこと」にあります。

悟りゲートはドラゴンボールの中心に出現します。それゆえ、ドラゴンボール内にエネルギーを凝結させ続けること＝常に腹に力を込めること、かつ、常に腹の力を抜かぬことが、とても重要になってくるわけです。

私たちはそれだけを心掛けていればいいのです。

すごくシンプルなことだから、虎二郎も「聖人の教えは一番やさしい」と言ったわけですが、多くの人にとって、腹に力を込めるということ自体が、なかなか、分かりにくいことでもあります。腹に力を込めると言っても、腹筋を固めるわけではありません。

だからこそ、腹に力を込めるコツを、誰でも実践可能な分かりやすい形で、伝える必要があるのです。虎二郎は「鳩尾《みぞおち》を引き込むように」と言ったり、春充は「腰腹同量の力」と言ったりしましたが、まるで難解な哲学用語です。

そのコツを伝える前に、実は、太極拳の極意も身体への明け渡しであることをお伝えしなければなりません。

たとえば、武道における組手の最中に、次はキックが来るとか、パンチが来るとか、頭でアレコレ考えていたら、あっという間にやられてしまうでしょう。頭は遅いのです。それに、ビクビク不安になっても、身体はカチカチに固まってしまって、これまた、あっという間にやられてしまいます。

心も邪魔です。だったら、頭も心も丸ごと全部、身体に明け渡してしまえばいい。すっかり身体に明け渡して、脱力しきってしまえば、自然に腹に力がみなぎってきます。それはまた、身体の中の見えない明け渡しスイッチが、オンになったかのような感覚です。すると、自動的に身体が動いて、氣づけば、勝ってるんです。僕はただ見とれてるだけ（笑）。学んだことも見たこともない技が、身体から勝手に繰り出されて、いつの間にか、相手を倒しているのです。これが武道の型として残されたのでしょう。不思議なことに、不意打ちされたときは、突然、時間の流れが超スローモーションに切り替わって、相手のパンチが止まって見えます。おそらく、必要に応じて脳のリミッターが解除されるようです。合氣道開祖の植芝盛平が鉄砲の弾丸をよけた秘密もこれだと思っています。

だから、身体に明け渡すことの重要性は、身にしみて理解しています。ただ、それを人生にも活用できるとは、氣づかなかったのです（まさに「灯台下暗し」とは、このことです）。

まさか、人生の極意も明け渡しスイッチにあったなんて……。腹に力を込めることが、この明け渡しスイッチをオンにすることです。そのスイッチを入れっぱなしにしておくために、腹の力を抜かないことが大切になってくるわけです。

よく考えたら、人生を運ぶのも身体だったのです。

武道のときだけは、このスイッチが自動的にオンになる身体になっていたから、僕はどんなときも落ち着いていられました。数々の実戦の中で、身体への絶対的な信頼感が、培われていたからでしょう。

でも、そのときはまだ、明け渡しスイッチをオンにする方法を、明確に意識化できていなかったので、人生への活用も不可能でした。

ところが、「楽禅ヨガ」の型の中から、「背伸びするようにヘソ下を伸ばす」というイメージ言語が（補足参照）、ポンッと飛び出して来ました。

つくづく、真理とはシンプルで美しく、当たり前の中に堂々と隠されているものだったのです。朝、ウ～ンと背伸びすることで、私たちはしっかり目覚めることができるでしょう。その当たり前の動きの中に、肉体的な目覚めだけでなく、私たちを根っこで支える命への目覚めを促すスイッチが隠されていたわけです。

まさか、背伸びするようにヘソ下を伸ばすことが、明け渡しスイッチをオンにする（意識的に明け渡し状態を創出する）秘訣中の秘訣だったとは……。

補足
氣功では、身体の外側でなく、氣の通り道となっているインナーマッスルを重視します。

だから、動画やイラストを見て、いくら外側を真似ても、なかなか氣は分からないのです。

じゃあ、どうしたら氣の通り道となっている、インナーマッスルの動きを真似ることができるかと言うと……。

インナーマッスルは、イメージ言語で動くのです。

それゆえ、氣功では「操り人形のようにアタマのてっぺんから糸で吊り上げられているかのように」とか「薄氷の上を歩くように」といったイメージ言語を添えるわけです。

すなわち、氣功の秘伝とは、イメージ言語なり！

真の氣功家とは、新たなイメージ言語を生み出し続ける開拓者とも言えます。

ありがたく、嬉しく、楽しく、面白く、明るく、強氣に生きる

そう考えると、アセンションとは、無条件降伏による無条件幸福人生への移行というこ

となのでしょう。個人的には、この明け渡しのエネルギー、すなわち、エデンの園への帰還を誘《いざな》うエネルギーが、2012年頃からどんどん勢いを増しながら、私たちの中から溢れ出ているように感じています。

アセンションするには、愛が大切とか、私利私欲を捨てなければならないとか言いますが、自我が無いとき、愛はあるものなのです。そのとき、私利私欲も消え去っています。

愛である必要も、私利私欲を捨て去る必要もなく、ただ、御主人さまである命に、人生の主導権を明け渡せばいいだけ……。その心面からの実践が、何事もありがたく受け取ることなのです。

そこに意味や理由なんていりません。無条件の愛のエネルギーに包まれたなら、すべてがそのまま許されて、どんなイマココであろうが、どうでもよくなって、ただただ、ありがたくなるからです。

だから、宗忠も次のように言うのです。

「我が修行は、困難を困難と思わぬ自分となること、その一点に尽きる修行なのです。困難さえ、ありがたいと思える自分となれば、世の中、苦になることはありません。苦になることがなければ、あとは、楽しみばかりになります。そのような心は、道より他にありません。ですから、道は大安心なのです。心の用い方ひとつで、どんなことも楽しみとなるのです」と……。

どんな出来事が起きても、そのすべてをありがたいと受け取るなら、すべての出来事は、丸ごと全部ありがたいとなります。丸ごと全部ありがたい出来事なら、好き嫌いの判断もできなくなり、いつでも自分は無色透明のゼロでいられるということなのです。

だから「好き嫌いを判断する自我を、常に、はらい続けなさい」と、宗忠は言うわけです。そうすれば、やがて自我はゼロとなって無に至り、アマテラス（私たちの命の本質の光）とも一体になることができると……。

以下、『黒住宗忠に学ぶ生き方』（山田敏雄著　たま出版発行）より、該当部分の現代語訳を引用します。

祓いというのははらうということである。

心の中にあるものをはらい去って無になるのである。心の中に一つの思いでも起きようとするならば、それが善いものであろうと悪いものであろうと、はらいにはらって、一つの思いも考えもとどめないようにはらい去るのです。

これを常ばらいと言います。

この常ばらいを一日もやめることなくつづけるならば、心は無になります。

無になってもそれでもやめなければ、言葉では言い表わしようのないほどなんともいえない味わいのある有りがたい、嬉しい、面白い心になります。

この時心は天心になったのです。

天心というのは天地の心であり、天地の生きた心であって、これが天照太神一体の心です。


何事もありがたく受け取ることは、「常ばらい」（常に自我をはらい続ける修行）の秘訣でもあったのです。

宗忠はまた、「私たちの命の本質は、ありがたい心、嬉しい心、楽しい心、面白い心、明るい心、強氣な心だ」と言います。スサノオが攻めて来たと勘違いしたアマテラスは、武装して立ち向かったのですから、超強氣な女神です（笑）。

だから「何事もありがたく、嬉しく、楽しく、面白く、明るく、強氣に受け取るんだよ」と……。そのような心が、地上世界のスクリーンに映し出されるから、何事もありがたい人生が展開していくことになるわけです。それに、どんどん命に共鳴するようになるので、ますます御主人さまのメッセージも受信しやすくなります（補足参照）。

補足

自分がゼロ＝無色透明になれば、自分と世界の境界線は消えてしまいます。境界線が無くなったところが、Ｏｎｅ＝Ａｌｌ（ワンネス）です（山蔭神道秘伝の大《だい》神咒《じんしゅ》「アチマリカム」も、そのためのものだと思っています）。

つまり、たったひとつの命が、この大宇宙に千変万化に現れているということです。Ｏｎｅ＝Ａｌｌ（ワンネス）の自覚が深まるにつれ、どんどん思いどおりの人生が展開されていくようになります。

Ｏｎｅ＝Ａｌｌ（ワンネス）になったら、自分＝世界なので、世界中が自分の思いどおりに動いてくれるようになるわけです（自分の手足を自分の思いどおりに動かすことができるのと同じ理由です)。
そんなOne＝All(ワンネス)の自覚も、悟りゲートから生じるもの……。すべての鍵は悟りゲートが握っています!

「ありがとう御座居ます」と「日月神示」の暗号

『日月神示』には、次のような言葉があります。

春の巻　第一帖
「新しき御代の始めのタツの年。スメ大神の生れ出で給ひぬ」

紫金の巻　第九帖
「新しき御代のはじめのたつの年、あれ出でましぬ　かくれゐし神。
かくり世も　うつし御国の一筋の光りの国とさきそめにけり」

磐戸の巻　第九帖

「辰の年はよき年となりてゐるのざぞ、早う洗濯してくれよ」

「新しき御代の始めのタツの年」とは、令和という新しい御代となって始めの辰の年という意味なら、今年（２０２４年）ということになります。その年に、隠れていた神が現れると言うのです。とは言え、その神さまはいったいどこに現れると言うのでしょうか？

実は、一人一人の魂には、神さまがお坐りになる御座（悟りゲート）が用意されています。その御座に神さまが現れるということです。

無条件降伏＝無条件幸福と書きましたが、一人一人の魂の御座に神さまが現れるから、自我は無条件降伏せざるを得なくなるのです。

どういうことかと言いますと、今までは自我が御主人さまであるかのように、偉そうに振る舞っていたわけです（笑）。御主人さまでもないのに御主人さまのふりをしていたから、いつまでたっても不安は無くならないし、責任感に押し潰されそうになって苦しんだりしてきたのです。

でも、本当の御主人さまである神さまが現れると、その問答無用の圧倒的なパワーに、誰もが『旧約聖書』に登場するヨブのように、沈黙（無条件降伏）させられてしまいます。

にもかかわらず、それは無上の悦びでもあるのです。これまでの人生が、絶対なる神さまによって、完璧に導かれていたことに氣づくから……。アニメ「黒執事」のセバスチャンのように、御主人さまである神さまに、無条件に仕えることこそ、人間の至福だったのです（笑）。

だからこそ、デンマークの哲学者・キルケゴールは、人間が最終的に求めるべきものは至福（愛の恍惚状態）であり、それを達成する手段は神への絶対服従であると主張し、聖アウグスティヌスも、人間と神との服従関係の大切さを強調し、その関係の中でこそ、真正なる心の平安を得ることができると説いたのでしょう。

ところで、神主でもあり合氣道家でもある昌原容成《あけはらようせい》氏の「ありがとうの言霊で深層意識の扉を開く」と題された珠玉の記事があります。そこに、御座に関する記述があります。以下、該当部分を引用します。

日本語ありがとうに含まれる言霊の力を、一音一音確かめてみましょう。
ア　本源の光。
リ　循環転回。アの光が循環転回してゆく。ラ行はすべて循環転回を表します。モノを落としてアララ……というのは、そのモノといっしょに転がっている様。
ガ　カは隠れた存在、神。ガは神々の集合、神波。それは、めったにありえない恩寵である。
ト　本源の神波、光がそこにあって循環転回している。まことに得がたい恩寵であるが、そこにト（扉）が立ててある。しかしそこをトーーッと通（トオ）りぬけていくのもまた、トの言霊の力。
ウ　浮（ウ）かび上がり、動（ウゴ）かす力。
ゴ　御（ゴ）。尊い存在を尊ぶ。
ザ　座（ザ）。尊い存在がおわします座。
イ　居（い）。尊い存在が尊い座に居（イ）らっしゃる。イはまたイノチの響きでもある。イノチの響きがそこに循環転回しているから、イルという。無生物はイノチは持たないが本源の光（ア）によって成り立っているからアルという。犬がイル、鉛筆がアル、の使い分けは、そういうわけ。イはさらに、一切を集める力がある。イーーッと唱えながら、己の一切を御座（ゴザ）に集めるとよい。マ　マツリのマ。イーーッで己の一切を御座（ゴザ）に集めて、マーーでマツリする。ス　統（ス）べる。天皇は一切を統（ス）べ給うのでスメラミコトと申し上げる。スーーと唱えながら、己自身を御座（ゴザ）に統（ス）べていく。

「一人一人の魂には、神さまがお坐りになる御座が用意されているのです」と書きましたが、その御座が「ありがとうございます」の中にある「ござ（御座）」のことです。

ございます（御座居ます）とは、尊い存在が尊い場（御座）に居らっしゃるという意味だったのです。『日月神示』にある「早う洗濯してくれよ」とは、いつ神さまがいらっしゃってもいいように、その御座（悟りゲート）を磨いておけということです。

つまり、命の本源の光（アの言霊）から、大宇宙のスピン力と中心軸は生じ（リの言霊）、そのエネルギーが凝結してドラゴンボールとなり（ガの言霊）、そこに悟りゲート（トの言霊）が開かれると（ウの言霊）、その奥にある御座には、神さまがいらっしゃるというわけです。

まさか、ありがとう御座居ますが、神さま召喚呪文だったとは……。だから、感謝の人生を送る人は運がいいと言われるのでしょう。感謝するたびに、神さまを召喚することになるのですから当然ですね。しかも、この意味を知るか知らないかで、ありがとう御座居ますの開運パワーに、ケタ違いの差が出てきます。

言葉は心の中心核…。

明け渡しの心面からの実践が、何事もありがたく受け取ることだと書きましたが、ありがとう御座居ますという言葉自体、悟りゲートを開く呪文でもあったわけです。

個の意識こそ大切なプログラムのプロセス

さて、「自分は『まな板の上の鯉』状態で、自分の人生なのに何の手出しもできない」と書きましたが、引き寄せや潜在意識の書き換えといった願望実現法が、うまくいったり、いかなかったりするのも、その責任はあなたにあるのではなく、たまたま、そんなプログラムだったということです。もしそう思えない人がいても、それもプログラム通りということです。

ただし、何の手出しもできない自分に氣づくまでのプログラムと、氣づいた後からのプログラムで、運命ソフトの内容はガラリと変わります。これもまた、プログラム通りにそうなっているのです（補足参照）。

補足

詳細は後述しますが、神の全知全能性を体験するステージへと移行するのです。

とは言え、何の手出しもできない自分だと氣づくまでのプロセスも、磐石な個の意識を育てるためには、避けては通れない大事な経験です。

なぜなら、全体意識である神と再びつながった時、軟弱な個の意識のままであったなら、吹き飛んで消えてしまうだろうからです（輪廻転生の必要性も、この点にあるのかもしれません）。

それに、体験者としての個の意識こそ、かけがえのない宝物なのです。

体験者がいなければ、神の全智全能性は永遠に分からないのですから……。

中国の古典『老子』の中には、「大道廃れて仁義あり」（大いなる道が失われ、人々は思いやりや正義が大切だと言うようになった）という有名な言葉があります。

大いなる道とは、悟りゲートの奥へと続く道のこと。偉大なる氣功家でもあった老子は、悟りゲートを「玄牝《げんぴん》の門《もん》」と言いました。

淡路島の先山千光寺で授かった「楽禅ヨガ」は、まさに、そのゲートを開くタントラでもありました。タントラとは、悟りを最短最速で実現する秘密の教えや技法のこと。最短最速とは、何十回、何百回も生まれ変わって悟る過程を、その10分の1とか100分の1に短縮することです。先山とは生まれる前の先天の世界、命の世界へ通ずるゲートを開く霊山という意味でもあるのでしょう。

前述の『老子』の中には「学を為せば日々に益し、道を為せば日々に損す。これを損して又た損し、以って無為に至る。無為にして為さざるは無し」という言葉もあります。

これは「学問を修めると日に日に知識が増えるが、道を修めると日に日に知識が失われていく。知識を減らした上にまた減らし、そうして無為（ゼロ）の境地へと至るのだ。無為（ゼロ）であればできないことなどありはしない」という意味ですが、ゼロ＝無限なのですから、老子の言わんとすることも分かるでしょう。

宗忠も、朝日から飛んできた光の玉と一体となる神秘体験があってから、「ものごとの道理すじみちがみなよくわかり、真昼に白と黒を見分けるように、少しも間違うことがない。まるで碁石の白いのと黒いのを引き分けるようである」と述べていますが、まさに、「無為にして為さざるは無し」の境地を語った言葉だと感じています。

人生はプログラム通りであるとか、ゼロになったら出来ないことはないというのは、この世的には理解不能なことだから、タントラとされてきたのです。とは言え、この世の知識や経験がなければ、悟り（神の全知全能性につながること）も役に立たないでしょう。

この世の枠組みの中で、神の全知全能性や自由自在性は、発揮されなくてはならないからです。そうでなければ、この世のルールからはみ出してしまいますし、その枠組み自体が、楽しみの源泉でもあるのです。自由を体験するには、不自由が必要なように、神の全知全能性を体験する舞台は、逆の要素で成り立っている必要があるからです。

だから、ふさわしい悟りの時期というものが、一人一人にあるわけです。

どんな出来事もOne＝All（ワンネス）の世界へと帰還するために、現れていることです。

それは人類共通のプログラム。『法華経』には、お釈迦様が仏になれることを一人一人に約束するお話（授記）がありますが、再び、私たちがOne＝All（ワンネス）の世界に帰還することは、お釈迦様よっても保証されたことなのです。

プログラム通りの人生と無色透明な自我

占星術家のマドモアゼル愛さんのブログに、次のような文章が書かれていました。以下、引用します。

赤ちゃんは自我がまだ発展していませんので、周りで起こる出来事をそのまま純に見つめます。

あのおじさんがずるい……とか、あの人は悪だくみをしているとか、あの人は嘘ばかりつく……とかは、わかりません。

それは赤ちゃんの中に、ずるさや悪だくみや嘘がないから、わからないのです。

自分の中にあるものしか、人は認識できないからです。

大人はあの人は良くない人……などと思ったりすることがありますが、良くない部分が自分の中にあるからそれがわかるわけです。


正確に言うと、自分の中に良くない部分があるわけではなくて、受け入れられないものが自分の中にあるということ、それを相手に投影しているということです。

そして、受け入れることができない原因は、人生（御主人さまである命）に対する信頼不足にあります。そこから生じる将来への不安や心配が、心の奥に潜んでいるから……。

そのとき、ゼロじゃない自分が、モグラ叩きのモグラのように、ひょっこり顔を出すわけです（笑）。


でも、モグラに罪はないです。そのようにプログラムされているから、どんなに頭を叩かれても、ふてくされることなく、ひょっこり顔を出し続けるのがモグラの役割だからです。そんな健氣で愛おしくもあるモグラが、自我とそっくりなのです（笑）。

モグラのおかげで「モグラ叩きゲーム」を楽しめるように、自我のおかげで「この世ゲーム」を楽しめるのですから……。

プログラム通りに言葉を発する主体、プログラム通りに思考が涌き出てくる主体、プログラム通りに見たり、聞いたり、感じたりする主体が、あたかも本当に存在するかのように感じているおかげで、私たちはバーチャルリアリティの世界を満喫できるわけです。

わざわざ、そうなっているのに、この自我を無くせと言う方が、無理で不自然なことです。そうではなく、自我が存在することは、感謝すべきことだったのです。

この世ゲームでは、モグラを叩く代わりに、あらゆる出来事（感情や思考や人物や環境など）を許すことが、得点になります。モグラは叩いて消えますが、自我が消えては困ります。より正確に言うなら、自我を無色透明にするのです（補足参照）。

たとえ、誰かに理不尽な仕打ちをされたとしても、プログラム通りだから、その人のせいではありません。「なんだ、あの野郎」という自分の憤りも、プログラム通りだから、自分のせいではありません。

プログラム通りに、ただ動かされているだけ。
ただし、そのことを許して受け入れることは、世界を癒すことになるんです。
許すたびに無条件の愛に包まれたあなたは、その愛の光を世界中に振り撒くことになるからです。

そのことに氣づこうが、氣づくまいが、これまでと何も変わりません。だから、悟っても何も変わらないのです。これまでもプログラム通りであったように、これからもプログラム通りであり続けるだけなのですから……。

補足

無色透明な自我について、栄宗寺住職の「一《いっ》顆《か》明《みょう》珠《じゅ》」と題されたブログから、以下、該当部分を引用します。

透明な水晶の玉は、赤い布の上に置けば赤く見えます。

青い布の上に置けば青く見えます。

もし、その玉にもともと白い色がついていたら、赤い布の上に置こうが青い布の上に置こうが「白い玉」にしか見えないでしょう。

ならば
赤い布の上で赤く見えることが、その玉は透明であることの証しです。

青い布の上で青く見えることが、その玉が透明であることの証しです。

しかしながら
透明な水晶の玉は、赤色に染まろうが、青色に染まろうが、その透明さを失うことはありません。

その水晶球は、何色に染まろうとも染まった色に汚されることもなく、傷つくこともまた壊れることもなく、どこまでもどこまでも清らかに透明なままです。

透明（ゼロ）であるが故に、さまざまな色に染まります。

さまざまな色に染まっているということが、それ自体は透明（ゼロ）だということの証しです。

そしてその様子は、実のところまったくそのまま今の私たち自身の様子でもあるのです。

私たち自身が、実は「透明な水晶の玉」そのものなのです。

ものを見る、音を聞く、香りをかぐ、ものを味わう、ものを感じる。

全部、「透明な水晶の玉」が景色や音に染まっている様子です。

私たちは、景色を見たらその景色に染まります。

音を聞いたらその音に染まります。

ものを食べたらその味わいに染まります。

香りや感覚を感じたら、その香りや感覚に染まります。

うれしい時には「うれしさ」に染まっています。

悲しい時には「悲しみ」に染まっています。

苦しい時には「苦しみ」に染まっています。

それは私たちが、いま既に「透明な水晶の玉」だからこそ、「ゼロ」だからこそ、できていることなのです。瞬間瞬間、様々な景色に、音に、味に、感情に染まりながら、それでいて決して汚れることなく、傷つくことなく、壊れることがありません。

生きている時には生きている世界に染まります。

それでいてその透明さは「生きている世界」に汚されることもなく、傷つけられることがありません。

死んだときには死んだ世界に染まります。

それでいてその透明さは「死んだ世界」に汚されることなく、傷つけられることもありません。

そして
「透明さ」それ自体は、生まれることもなく、また死ぬこともありません。

どこまでもどこまでも透明、どこまでもどこまでもゼロ。

それが私たちの今現在の有り様なのです。

私たちは
透明（ゼロ）な自分自身に全世界・全宇宙を映し出しながら、どこまでもどこまでも
永遠に転がってゆける。

そんな活動体なのです。

（筆者注）この透明な水晶玉が、無色透明な自我のことです。

そして、どこまでもどこまでも永遠に転がってゆく活動体が、ドラゴンボールのことであり、その中心に悟りゲートはあるのです。


この透明な水晶玉が、無色透明な自我のことです。

そして、どこまでもどこまでも永遠に転がってゆく活動体が、ドラゴンボールのことであり、その中心に悟りゲートはあるのです。

神さま人生を楽しむ

人生がプログラム通りという自覚は、自分という主体性を命に明け渡すことになります。すると、無条件の愛と許しのエネルギーに全身（全心）が包まれて、無条件にありがたく、嬉しく、面白くなってくるから不思議です。

だから、僕が心不全で死にかけていたときも、つらいけど苦しくはありませんでした。その証拠に、弟には「死にかけている張本人なのに、他人事のように話すね」と驚かれました。

矛盾したことを言うようですが、心不全になったおかげで、たまたま明け渡し状態となってしまった僕に、無条件の愛と癒しのエネルギーがいっぱい与えられたからでしょう。

しかも、あり得ない奇跡まで起こってくるから、ますます、明け渡すことが楽しくなってくるのです。

心臓が20％しか動かない状況が続き、まったく回復の兆しが見えなかったのに、突然、奇跡のカムバックを果たしたのです。

ゼロ（無色透明）になった自分に、無限（神の全知全能性）が現れたからですね。まさに、その一点が悟りゲートであり、楽禅ヨガこそ、そのゲートを開く身体の秘密鍵だと言えるのです（補足参照）。

補足

「楽禅ヨガ」は、世界をひっくり返すパワーを秘めていると感じています。その理由は、ちっぽけで無力であるかのように思えた一人一人に、無限力、すなわち、神の全知全能性が現れてくることになるからです。

しかも、この力は子孫にも受け継がれていくものだから、その可能性をいっそう感じるのです。

氣功には「氣は血を導く」という言葉がありますが、不思議なことに、僕が氣の技を使えるようになると、僕と血を分けた子どもも氣の技を使えるようになります。

たとえ、子どもが生まれた後であろうと、僕がこの力を得た時点で、時空を超えてこの力は子どもに遺伝するのです。氣の技を使っていたであろう昔の剣術家が、一子相伝であったことには、深い理由があったのです。

「明け渡す前と後で、運命ソフトの内容はガラリと変わるようだ」と前述しましたが、それは、明け渡しスイッチをオンにできた人から順に、無限なる神の表現者としての人生が新たにスタートします。

なんだかワクワクしてきませんか？　きっと、あなたの内なる神は、その全知全能性を発揮したくてウズウズしています。

神は、自身に秘められた無限の可能性を無限に表現し、無限に体験したいのです。そのためには、体験者としての人間が、どうしても必要だったのでしょう。ただし、その人間には無条件降伏してもらうことが要求されるのです。でなければ、ゼロ（無色透明）となって、無限（神の全知全能性）につながることができない、すなわち、神の全知全能性を発揮できないからです。

ならば、そんな神さまの願いを叶えるために、清水の舞台から飛び降りる覚悟で、無条件降伏を決意した貴重な「人材」ならぬ「神財」を、神さま、いや、全宇宙が放っておくわけがありません。放っておけない神さまが、全責任を持って無条件降伏を無条件幸福にしてくれるに決まっているのです。


僕は、自我の人生にほとほと飽きました。

そんな人生には虚しさを感じてしまいます。

夢が叶ったからと言って、それがどうしたと言うのでしょうか？

自分の筋書き通りに人生が運んだからと言って、筋書き通りの人生がそんなに面白いでしょうか？

僕は、生まれてきた意味をつかみたいのです。

生まれてきた意味の一端でもつかまない限りは、死ぬに死ねないというか……。

そのためには、僕をこの世界に誕生させた命に、我が人生を明け渡す必要があるのです。

命の思惑通りに生きた人生でなければ、その中に、生まれてきた意味を見出すことは不可能だからです。その好奇心が強いから、丸ごと全部、僕の人生を命に任せてみたい。

これからは、すべての責任から解放されて、乞うご期待の神さま人生を、大胆不敵に楽しみたいと思っています。

宇宙に対して全責任を持つ覚悟

悟りゲートの発見を機に、僕の身体はすっかり変わってしまいました。これまで僕を動かしていたエネルギーが、まったく別次元のものに変わってしまったというか……。もしかしたら、そのエネルギーに対応した新しい心臓に入れ替わったのかもしれません。

そんなことを考えていたら、白峰先生から「部屋中、仏像だらけなり。一軒家に60体の仏像アリノ。さらに、別荘と神殿を入れたら、２００体なり。従業員２００人を抱える会社の社長だな～」というラインが届きました（笑）。

破天荒な白峰先生らしいラインに、思わず笑ってしまった瞬間、覚悟と悟りゲートの密接な関係に氣がついたのです。

実は、ラインに書かれてあった神殿に、僕は行ったことがあるのです。その広間の机の上には、どでかい星の運行盤が置いてありました。

密教には、「星供養」という行事がありますから、白峰先生も「星供養」をされるのかなと思っていたら……。白峰先生は、「ありの、俺がこれを使って夜空のすべての星の運行をコントロールしてるんだ」と、これまで見たことのない真剣な顔で言われたのです（普段の白峰先生は、下ネタとオヤジギャグのオンパレードにもかかわらず……　笑）。その瞬間、その言葉が真実であることを、僕は確信しました。

なぜ、そう確信したかを説明する前に、僕が初めて白峰先生にお会いしたときのことを、お話ししなければなりません。それは、２０１１年3月29日のことでした。

都内のあるホテルで、白峰先生と初めて会った日、僕は待ち合わせ時刻の1時間ほど前に、待ち合わせ場所の確認のため、そのホテルに立ち寄りました（ホテル入り口の右手には、ガラス張りのレストランがありました）。

「時間もあることだし、軽く食事でもしておこうかな……」と思った、その時です！

レストランの一角から押し寄せる、圧倒的な存在感、圧倒的な氣、圧倒的なパワーに、僕は飲み込まれてしまったのです。と同時に、僕の目には、ある人物の姿が飛び込んできました。その姿は、月光仮面のようにも見えましたが（笑）、間違いなく、その方が白峰先生だと僕には分かりました。

武道をたしなむ人ならお分かりだと思いますが、相手が自分より強いか弱いかは、相手と向かい合っただけで、戦わずとも分かるものです。武道家のはしくれたる僕も、もし、自分より強い相手と出会ったならば、足が地面から浮く感覚が生じて、まったく力を出せなくなります。しかし、今回は、丸ごと頭上から覆いかぶさるような感じで、飲み込まれてしまったのです。こんな体験は初めてでした（そのオーラの謎を解きたくて、白峰先生と1年ほぼ365日、朝まで飲み歩きの修行が始まったわけです　笑）。

白峰先生の神殿には、死神が祀られていたことにも驚きました。白峰先生いわく「寿命をコントロールするには、寿命を延ばす神様だけ祀ってもダメなんだ。死神も一緒に祀って初めて、寿命のコントロールは可能になる」と……。太極拳の修練を積んできた僕には、すごく納得できる言葉であったと同時に、白峰先生を本物だと確信するに至った出来事で

もありました。太極が動けば必ず陰陽に分かれて働きます。つまり、寿命を延ばす神は、死神の裏の顔というわけです。

「ありの、俺がこれを使って夜空のすべての星の運行をコントロールしてるんだ」という、白峰先生の言葉を聞いた瞬間、僕は次のことに氣づいたのです。

この意識の圧倒的な世界観の大きさに、僕は飲み込まれてしまったのだと！

そして、ワンネス意識とは、自分の宇宙に対して、自分が全責任を持つという覚悟でもあったと。その証拠に、白峰先生は星の運行にまで責任を持たれているのです。誰かのせい、何かのせいにすることは、自分がコントロールできないことを増やすことになります。だから、ますます生きづらい人生になってしまうわけです。

その覚悟こそ、悟りゲートを開く心の秘密鍵でもあったのです。だから、覚悟とは、目覚めて悟ると書くのです。

愛とは氣合いが長期熟成されたもの

実は、氣合いと悟りゲートにも、密接な関係があります。なぜなら、氣合いとは悟りゲートから湧き出てくるものだからです。

その証拠に、よし、今日は徹夜で勉強するぞ！　よし、夏までに5キロのダイエットをするぞ！　よし、今から朝まで飲み歩くぞ！　そう思ったとき、自然とお腹にグッとエネルギーが入った経験は、誰にでもあるでしょう。このように悟りゲートと氣合いには密接な関係があります。

そう考えると、白峰先生の一喝で、僕が神秘体験をしたのも、その氣合いが僕の悟りゲートを目覚めさせたからだとも言えます。臨済禅師の大喝、徳山和尚の痛棒も、氣合いで悟りに導いたのです。

江戸時代初期に、鈴木正三《しょうさん》という、僕の大好きな禅僧がいます。正三も、仁王さんや不動明王さんのような氣合いの大切さを説きました。以下、正三禅師の言葉を集めた『驢《ろ》鞍橋《あんきょう》』という本から、正三禅師の氣合い溢れる言葉を紹介したいと思います。

その本の冒頭で、正三禅師は「近年仏法に勇猛堅固の大威勢有ると言う事を唱え失へり。只柔和に成り、殊勝に成り、無欲に成り、人能くはなれども、怨霊と成る様の機を修し出す人無し」（近頃、仏法には勇猛堅固の大威勢があるということを唱える人がいなくなった。ただ穏やかになり、殊勝げな顔をして、欲も無くなり、お人好しにはなったけれども、怨霊になるくらいの烈しい氣合いを持って、修業する人も少なくなった）と述べています。

正三禅師の説かれた禅は「仁王禅」とか「不動禅」とか言われていますが、彼は「仏道修業は仏像をお手本にすべきだ」と言います。

阿弥陀さまや観音さまは、お寺の本堂の奥に柔和なお姿で坐っていらっしゃいますが、お寺の入り口には、力強くたくましい仁王さんや不動明王さんが、ドッシリと立たれているでしょう（浅草の観音さまもそうです）。

その理由を、正三禅師いわく「いきなり観音さまのような慈愛に満ちた人を目指してもダメで、まずは、入り口にある仁王さんや不動明王さんの氣合いをお手本にすべきことを教えているんだ」と……。

老師は「強くなければ、優しさを貫けない」と言いましたが、仁王さんや不動明王さんのような氣合いが極まって、観音さまのような愛は完成するのです。たしかに、愛や優しさは、氣合いと根性が入ったものでなければ、使い物になりません。「あの人は優しい人なんだけど、何だか頼りなくてね〜」なんて、言われてしまいます（笑）。

愛とは、長期熟成されたウィスキーのように、氣合いが長期熟成されたものだった……。


僕のひいおばあちゃんは、三度の飯より相撲が大好きでしたが、力士から不動明王さんのような氣合いを、受け取っていたのかもしれませんね。どんなイマココも感謝で受け取るなんてことは、氣合いに満ち満ちてなければ、できないことですから……。

だから「仁王さんや不動明王さんのように、カッと目を開いて拳を握りしめ、いつも勇猛な氣合いを忘れずに、生活修行しなさい」と、再三、正三禅師は教えられたのでした。


いつも氣合いに満ち満ちていれば（腹の力を抜かなければ）、どんなイマコだって泰然自若と受け入れることができます。

悲しみも喜びも、どんな感情だって、平等に受け入れることができます。

怒りっぽい性格も気弱な性格も、どんな性格だって、平等に受け入れることができます。

そのとき、自分は無敵のゼロ状態です。

まさに、自分は無色透明なイマココそのもの、無条件の愛そのものです。ジャッジ無くすべてを受け入れ、そのまま映し出す鏡は、そんなイマココの在り方を象徴するものでしょう。その鏡は、無条件の愛に光り輝いているのです。

「優しくしなければならない」から優しくするのは、観音さまの愛ではありません。そんなことを思う自分が無くなったときに、観音さまの愛はひょっこり顔を出すもの……。

観音さまは、とっても照れ屋さんだったのです。だからこそ、不動明王さんのような氣合いで、観音さまには猛烈なアタックをしなくちゃいけないってことですね（笑）。

色つきの自我と無色透明の自我

禅宗における悟りの段階を示した『十牛図』という本があります。

悟りを10段階に分け、挿し絵を交えてそれぞれの段階を解説した本ですが、その最終段階には、子どもと楽しそうに話す布袋和尚の姿が描かれています。不思議なことに、仙人の絵にもよく子どもが一緒に描かれています。

なぜ、布袋和尚と一緒に、子どもの姿が描かれているのでしょうか？　それは、自我を無色透明にする秘訣が、子どもの中にあるからです。仙道には、「還童功《かんどうこう》」という5歳児に戻る氣功法がありますから、5歳児にそのヒントがあるのでしょう。

子どもには、とてもピュアなイメージがあります。そのピュアさが、世の中の厳しさや汚さを経験するにつれて、どんどん失われていくイメージも……。

室町時代に能を大成させた世阿弥の「初心忘るべからず」という言葉がありますね。初心とは、物事をし始めたときの謙虚で新鮮な気持ちや志のことですから、初心にも、とてもピュアなイメージがあります。初心なのですから、私たちが子どもの頃に持っていた心とも言えるでしょう。とは言っても、子ども（あるいは初心者）のどこに、私たちはピュアさ（無色透明さ）を感じているのでしょうか？

そこに、自我を無色透明にするヒントがありそうです……。

この「初心忘るべからず」について、月洲寺の河又宗道住職は、次のように述べています。以下、該当部分を引用します。

修行時代、老師（著者注　岐阜県多治見市永保寺の住職であり、虎渓僧堂の師家を務められていた萬仞軒老師のこと）より、この言葉を初めて聞いた時は初志貫徹、初めの志に腹を据えて、一度思った事を何がなんでもやりきり、貫いていくことと思っていました。

しかし、老師は、「人生には様々な波があり、波に臨む時、人間は本来の面目、素直に純粋な氣持ちになる。

何かある時、向き合った時に初めて起こる心、その素直な純粋な氣持ちを『初心』と呼び、その事を忘れてはいけない」、そう話されていました。

素直で純粋な氣持ちで、物事に、人生の波に向き合う。

私が修行した虎渓山は広く、掃除一つするにも大変な場所です。

我々がつい掃除に追われて、一つ一つの仕事が雑になりかけた時に、老師は折りをみて、よく「初心忘るべからず」この言葉を使われていました。

老師は自己主張をほとんどされず、常に謙虚で頭を下げられていた方でした。

修行時代の恥ずかしい思い上がりで、「とにかく自分たちで何とかしなければ。自分たちが居るから、ここはキレイに保たれている。こんなに忙しい自分たちが掃除してやっているんだぞ。だから少しくらい雑でも仕方ないだろう」という驕った自己主張を、老師はあの優しくもじろりと人を見抜く眼差しで、修行僧を諫め、それでも老師は大きく口出しすることはなく、修行僧の自主性を大切に見守ってくださいました。慢心、驕る氣持ち、「私が、私が」という氣持ちを諫めている言葉が、「初心忘るべからず」であると現在では受け取っています。

なるほど、「私が、私が」と驕《おご》る氣持ちを諫《いさ》めている言葉が、「初心忘るべからず」だと言うのです。たしかに、子ども（あるいは初心者）には、そんな「私」を持つ余裕がありません。世の中のことが何にも分からなくて、学ばなければならないことだらけですから。

自転車に乗れるようになる、逆上がりができるようになる、足し算、引き算を覚えて、一人で買い物ができるようになる、国語力を身につけて、自分の氣持ちを相手に伝えることができるようになる。学んだことができるようになると、どんどん自分の力が増していくように思われて、とても嬉しくなります。やがて、自分だけの力で生きているかのように勘違いしてしまい、「私が、私が」という驕る氣持ちも出てくるのでしょう。

社会からも「強くならなければならない」とか「成長しなければならない」とか「進歩しなければならない」とか「自分の力で飯を食えるようになって一人前」なんて、急《せ》かされたりしますから。その奥には、無力であることは悪いことであるかのような、先入観があるように思います。


でも、子どものころは、無力だと知りながら、卑屈になることもありませんでした。無力であることが当たり前でした。

それなのに、なぜか安心感があったのです。

この安心感の正体は、いったい何なのでしょうか……？


僕には、家に引きこもって、まったく働くことをしなかったおじさんがいました（後に、交通事故の後遺症のためと聞かされました）。

そんなおじさんが子どもの頃の僕は大好きでした。そのおじさんの前では、思いっきりワガママを言えたし、甘えることもできました。どんな僕も、そのまんま全部受けとめてくれたからです。

今にして思えば、交通事故でおじさんが失ったものは、**色つきの自我**だったのかもしれません（色つきの自我とは、無色透明な自我の対義語となる僕の造語で、「私が、私が」と驕る氣持ちを生み出す張本人のことです）。

この色つきの自我について、故・湯川安太郎さん（江戸末期、川手文治郎によって開かれた金光教の初代玉水教会長）が、絶妙な解説をしてくれています。

もともと商売人だった湯川さんは、どんなに働いても赤字が大きくなるばかりで、たまったもんじゃない状況が続き、とうとう最後の壇ノ浦まで追い詰められたとき、次のような事実を悟ったと言うのです。以下、『湯川安太郎信話』より、該当部分を引用します。

ハッとばかりに氣付かしてもろうたのは、何が自分をこんなにまで苦しい目にあわしているのかと、私を苦しめておるものが何であるか？　ということでありました。では、私を今日までズルズル引きずりまわして、私をこんなにひどい目にあわしておるものは何だったでしょうか？　と言うと、それは、私が、これこそ私にとってたった一つの味方じゃと思うておったウデ（腕）であったということである。

私はそうと氣付かしてもらうと、〝何という恐ろしい腕だ〟と、ビックリすると同時に、そんなおそろしい腕と知らんで、それに引きずりまわされてた自分というものが、底の知れん馬鹿者であったということをハッキリ知ることができました。

そうとわかると、私は、もうそんな恐ろしい腕に未練を持つわけにはゆかない。アイソつかすほかない。氣が違った者が刀を振りまわすというか、ようもこんな危険千万な腕を、そうとも知らんで信じもし、頼りにもして、今日まで商売の上でキリキリまいしてやってきたことだ。

〝おお、こわや〟もう、今日かぎり、こんな腕とは左様ならだー
こうハラがきまると、私は、神さまにお詫びせないではおられまへん。

なんでかと言うと、今日までの私は、形の上では神さまを拝んでおるように見えておっても、内面では、自分の腕を拝んでおったからだ。


この「私が、私が」と奢《おご》る自分の腕が、まさに、色つきの自我のことです。

でも、そんな色つきの自我が無くなったおじさんには、何とも言えない安らぎと命の優しさだけがありました。おじさんがいる空間は、子どもだった僕がすっかり落ち着ける場所だったのです。他の大人たちには無いものが、無力なおじさんにはありました。

人間のかよわさこそが神さまのプレゼント

今日のような、自分以外の他人によってお互いが生かされている分業社会では、生きるか死ぬかの生殺与奪の権を、自分以外の他人に依存し合って生きていかなければなりません。

その不安を克服しようと、私たちは「働かざる者食うべからず」と、お互いにムチを打ち合い、傷つけ合っている……。

「働かざる者食うべからず」「甘えるな」「クヨクヨするな」「目標を持ちなさい」「努力しなさい」といった道徳の裏には、生きていくことの不安が隠されているように思います。

目標を持つことや努力が大切なのは、強くなるために欠かせないものだからでしょう。彼らが甘えや弱さを許せないのは、強くなることで不安を克服しようと考えているからです。その不安が教育ママや教育パパにさせるのかもしれません。

でも、そのような道徳では、不安を根本的に解決できないのではないでしょうか？

強くなることで不安を克服しようと、みんなが頑張れば頑張るほど、より強い者しか生きられない、弱肉強食の世の中になってしまいます。その結果、ますます生きることが難しい世の中になってしまうのです。

これでは努力して強くなったぶん、同じように生きづらさも強くなってしまうことになり、いつまでたっても私たちの生きる不安が解消されることはないでしょう。

結局、道徳によって不安を無くすことはできないのです。道徳によって不安を無くすのではなく、私たち一人一人は支え合ってしか生きられない、無力な存在であるという事実を受け入れることこそ、真の解決策だったのではないでしょうか？

その事実を認めようとしないから、いつまでたっても不安は無くならないし、その事実に逆らって強くなろうとするから苦しむのではないでしょうか……。

本当は人間の無力さは悪なんかではなく、かえって私たちがかよわい存在であることこそ、神さまのプレゼントなのかもしれません。

なぜなら、その弱さから思いやり、優しさ、慈しみといった、美しい心が生まれてくるのです。弱さこそ、思いやりを生み出す土壌だったのではないでしょうか。もし人間がこれほどまでにかよわい存在でなかったら、世の中に思いやりなんて必要なかったし、存在もしなかったでしょう。弱さは憎むべきもの、克服すべきものではなかったのです。弱さを忘れたとき、私たちはもっとも冷淡な人間でいられるのだと思います。

もし、神さまがいらっしゃるとすれば、神さまこそ、宇宙でもっとも無力な方なのです。もっとも無力な方であるからこそ、神さまは思いやり、優しさ、慈しみといった美しい心をもっともお持ちなのです。

ある17歳の少女の切実な言葉を綴《つづ》った文章があります。以下、『ついていく父親』（春秋社発行）より、該当部分を引用します。

自分を愛せない、大切にできない者に、果たして他人を思いやることができるでしょうか。

命の大切さが伝わるでしょうか。

人はだれでも、抱きしめて受け止められた記憶がなくてはならないと、心から思います。

私は毎日、こんな言葉を待ち続けているような氣がします。

「悪い子でもいいよ。何もできなくてもいいよ。役になんか立たなくていいよ。生きていてくれさえしたら、それだけで、愛してあげるよ。見ていてあげるよ」


きっと、私たちが無力であることを忘れたぶん、命とのつながりを失ってしまうのです。働くことができなくなった、無力なおじさんの心には、17歳の少女が待ち続けていた言葉が溢れていました。

ここで、もう一度、皆さんに問いたいと思います。


子どもの頃は、無力だと知りながら、卑屈になることもありませんでした。

無力が当たり前でした。

それなのに、なぜか安心感がありました。

この安心感の正体は、いったい何なのでしょうか……？

私たちは、無力で弱いことを克服するために、いっそう頑丈なヨロイをつけようと、自分にムチ打ち続けてきました。ヨロイとは、知識であったり、お金であったり、地位や権力や美貌であったりです。

しかし、その自分は、命の上に芽生えた、小さな小さな存在に過ぎないものです。まず、命の活動があって、その命の活動のうえに、「私」という意識が、いつの間にか芽生えます。

つまり、命あっての「私」であり、決して「私」あっての命ではないのです。

私たちが子どもの頃に感じていた安心感の正体……。
それは、命の優しさだったのではないでしょうか？

誰もが、騙されたり、裏切られたり、ひどい仕打ちを受けたりして、傷つき、憎しみ、怒り、悲しんだ経験があると思います（これは、自分が無力であることを思い知らされる出来事です。そんな出来事を、私たちは悪と呼んでいるのかもしれません）。にもかかわらず、今日まで生きてこれたのも、命の優しさに支えられていたから……。

悟りとは、根なし草のように頼りなく、無力な自分に落ち着くことなのです。

そのとき、私たちは無色透明な自我になっていて、私たちを根底で支え続けている命を再発見するのでしょう。

そうして、再び、命の優しさに触れることができた私たちは、無条件の安心感と至福に包まれる……。

それが、悟りと呼ばれる体験なのだと思います。

おわりに

前述の湯川先生は、何事もありがたく受け取る名人でした。彼には、次のような面白いエピソードが残っています。以下、『湯川安太郎信話』より該当部分を要約します（金額部分は、現代版に修正しています）。

「大家さんが替わりまして、これまで10万円だった家賃を、倍にあげて20万円にすると言うのです。困っております。どうしたらいいでしょうか？」と相談された湯川先生は、どんなアドバイスをしたと思いますか？

僕なら「少しでも家賃が安くなるように、大家さんと今すぐ交渉しなさい」と、アドバイスしたことでしょう。でも、何事もありがたく受け取る名人だった湯川先生は、次のようにアドバイスしたのです。

「家賃5万円の家に住むのと10万円の家に住むのとでは、どれだけ人間の値打ちに上下ができるか。私は10万円よりは20万円、20万円よりは50万円、50万円よりは100万円の家賃の家に住みたい。その理由は、家賃の高い家に住めるほど、それだけその人に値打ちがあるように思われるからだ。あんたも値打ちが出てきて、20万円の家に住めるようになったのだから、赤飯炊いて祝いなさい」と……（笑）。

そもそも、私たちは生きていくために必要なモノ、丸ごと全部、無償で与えられっぱなしなのです。自分の身体だってそうでしょう。汗をかくのも、オシッコするのも、食べ物を消化するのも、心臓を動かして血液を全身に送り届けているのも全部、自分の力ではないのです。

それは、私たちを生かそうとする命の力。
そんな命を私たちは無償で与えられています。
命だけでなく、身体も水も空氣も太陽も食べ物も、何から何まで与えられっぱなし。
つまり、宇宙は与えることが先なのです。

呼吸も同じで、吐くのが先でしょう。「おぎゃー」と息を吐いて生まれてきて、息を引き取って私たちは死んでいきます。もちろん、お金も同じで、与えることが先なのです。

托鉢《たくはつ》に関するお釈迦様のエピソードがあります（出家したお坊さんは職業を持たないので、一軒、一軒、家をまわって、お米やお金をお布施として受け取る托鉢という修行があります）。

ある日、天災が続いたため、経済的にとても困窮した地域で、お釈迦様はお弟子さんと一緒に托鉢されたそうです。お弟子さん問うていわく「こんなにも貧しい人たちから托鉢することは、許される行為なのでしょうか？」と。お釈迦様答えていわく「だからこそあえて、そのような人たちからお布施を受け取らなければならないのだ」と……。

自分のお金と言っても、死んだら持っていけないモノの所有権が、自分にあるわけはないでしょう。お金も無償レンタルとして私たちに与えられていて、私たちにはその使用権が認められているだけ。それなのに、自分のお金と勘違いするからケチになるのです。でも、誰かのお金なら、大胆に、楽しく、使えるものでしょう（笑）。

ましてや、その誰かは、与えることが生きがいで、みんなを楽しませることが大好きな宇宙銀行総裁です。そんな超お人好しの宇宙銀行総裁が、ますますあなたに惚れこんで、もっともっとお金の使用権をあげたくなるような、粋なお金の使い方をしたら良かったのです（笑）。

『古事記』の中には、天の岩戸開きという有名なお話がありますが、天の岩戸という悟りゲートは、ありがたい心、楽しい心、面白い心で開いて、アマテラス（私たちの命の本質の光）のお出ましとなったのです。

何事もありがたく、楽しく、面白く受け取れば、悟りゲートは開かれて、One＝All（ワンネス）の光り輝く本当のあなたがお出ましになるということです。

湯川先生も悟りゲートの体得者だったから、泉のごとく自由闊達《かったつ》な思考が湧き出てきました（悟りゲートは宇宙銀行の引き出し口でもあります）。その証拠に、湯川先生には、次のような言葉もあります。以下、『湯川安太郎信話』より、該当部分を引用します。

私は天地のムジンゾウ（無尽蔵）に手を突っこんでおるから、人間に向かってほしが

らんだけのことで、そんだけ私の方が欲ですわ。

それ知らないから、みんなは、ほしがるんです。

天地のフトコロに手を突っこむ……目先では欲がないように見えますが、私の欲は、だんだん深く大きくなってきました。

みんなも私と同じように欲ふかくなって、天地の無尽蔵に手を突っこむようにおかげを蒙って頂きたい。

おかげは底なしだ。とり次第だ。欲は放るに及びません。

本当に生かし切り、生かし抜くことですな。

本当の欲は、神さまに手を出すことだ。思いきり出すのです。

だんだんとその手がのびて、神さまのフトコロ、神さまの金庫に手が届くところまで、そして天地の無尽蔵に手を突っこむことである。

天地の無尽蔵に手を突っこむということは、タイしたことだ。

天地のフトコロは、なんぼとってもとりつくせんくらいでっせ。

ちっぽけな限りがある人間のフトコロなんぞ、アテにせんでもよろしい。

世間で言う〝欲な人〟言うたら、小さい、限りがある人間のフトコロあてにする人で、人間のフトコロをねらう欲にすぎん。

そないな欲は、マルマル自分のものにしたところが、底が知れてる。

私が、〝欲になれなれ〟と言うのは、天地の無尽蔵に手を突っこむことをおぼえ、天地のフトコロをあてにせえと言うのである。

この天地をわがフトコロに入れる……そこまでの欲を持ってほしいものであります。


とは言っても、湯川先生のように「プラス思考をしなさい」って意味ではありません。

ありがたく、面白く、楽しくなってしまう思考、あなたを元氣100倍アンパンマン状態にしてしまう思考が、ポンポン飛び出してくる源泉があるのです。


まずは、その源泉に通じる悟りゲートを体得してください。

そのゲートは、私たちの身体の中に確固として存在します。

その意味でも、身体抜きに宇宙と一体になることは、ありえないのです。


すべては、「悟りゲート」から始まります！

謝辞

本書が出来上がるまでには、たくさんの方たちの支えと手助けがありました。

その方たち一人一人に、紙面を借りて、ここに心より御礼申し上げます。

株式会社ヒカルランド代表取締役社長の石井健資様、編集の高島敏子様には、格別のお世話を受けました。本当にありがとうございます。

引用文献

『龍とつながる昇運CDブック』道幸武久・松永修岳・中井耀香 他　マキノ出版
『[伊勢の神様]秘伝開封』羽賀ヒカル　ヒカルランド
『[出雲の神様]秘伝開封』羽賀ヒカル　ヒカルランド
『なぜそれは起こるのか　過去に共鳴する現在』喰代栄一　サンマーク出版
『黒住宗忠に学ぶ生き方』山田敏雄　たま出版
『しあわせ通信第五集　楽々いのち』立花大敬　本心庵
『霊止乃道　神の御仕組み』内海康満　徳間書店
『ガイアの法則[II]中枢日本人は[アメノウズメ]の体現者となる』千賀一生　ヒカルランド
『新説・精神世界史講座　ワンネスは2つある』川瀬統心　ヒカルランド
『八咫烏の「超」日本史』大加茂真也　ヒカルランド
『地球一切を救うヴィジョン』白峰　徳間書店
『初代スサノオ』表　博耀　ヒカルランド
『心と体を変える底力は腸にある　腸脳力』長沼敬憲　BABジャパン

『神秘のカバラー』ダイアン・フォーチュン　国書刊行会
『病の意味』島田明徳　地湧社発行
『湯川安太郎信話』　金光教玉水教会　あゆみ社
『ついていく父親　新版：胎動する新しい家族』芹沢俊介　春秋社

白峰（中今悠天）プロフィール

環境地理学博士、名誉医学博士、環境行動学の大家として知られる。アセンション、海洋深層水、ロハスなどのブーム火付け役であり、密教（弘）法華経（観）神道（道）の三教を統合した「弘観道」の第48代継承者でもある。また、昭和天皇の指南役だった三上照夫先生から、天御中主太神の神勅として「中今悠天」の銘を賜る。国体鎮護の国家風水師としては、知る人ぞ知る人物であり、政財界から企業経営者までファンは多く、内外の要人とも交流が深い。万世一系の弥栄を願う皇道思想家、近未来アナリスト、温泉風水評論家、香彩書画芸術家など、多方面で活躍する。『超予測２０１２　地球一切を救うヴィジョン』（徳間書店）や『福禄寿―幸せの暗号』『風水国家百年の計』『日月地神示―黄金人類と日本の天命』（明窓出版）など著書多数。

有野真麻（ありのまーさ）プロフィール

楽禅ヨガ創始者。成蹊大学法学部政治学科卒業後、銀行員、携帯電話販売業、不動産業、空調会社役員、レストラン経営、建材会社経営など幾つかの仕事を経て、現在、ミロク成功法則研究所（同）CEO。目下、スピリチュアルからの世界平和計画を推進中である（笑）。10代後半より、東洋医学を始めとする代替医療、栄養学、心理学などを独学にて修得。その後、太極拳老師との運命的な出会いにより、合氣道をはじめとする氣功武術の不思議な力の秘密を悟る（身体と精神を健康に保ち続ける秘伝を授かったからである）。その時以来、力を使わず相手を飛ばしたり、相手の力を無力化することが自由自在にできるようになる。その体験は『幸せ体質になる！　気のプライベート・レッスン』（BABジャパン発行）『願わなければ叶う5つの真実』（コスモトゥーワン発行）という著書にもなった。2012年、白峰先生より「弘観道」の神職免許（印可状）を授かる。2022年、保江邦夫ノートルダム清心女子大学名誉教授より、「リアルテイオー」というJRA感ハンパないスピリチュアルネームを授かり、只今、スピリチュアル界の七冠馬を目指して、爆走中である（笑）。

「ありのまーさ公式メールマガジン」（無料）のご案内

有野真麻（ありのまーさ）のセミナー開催情報（「神伝　悟りのヨガセミナー」＆「楽禅ヨガインストラクター講座」）や、大好評の連載記事「悟りゲートを開く秘密鍵2〜生命完全燃焼の法則～」（本書の続編）をはじめ、白峰（中今悠天）先生の最新情報など、盛りだくさんな内容で配信しています。メルマガ読者限定の特典もあります（特別レポート「奇跡の龍宮呪文と七福神を呼ぶ住吉大社の秘密」プレゼントなど。詳細はメルマガにて）。ご興味ある方は、ぜひ、無料読者登録をしてみてください！

←無料メルマガ読者登録はコチラ

読者登録完了のお知らせが届かない場合は、迷惑メールフォルダをチェックしてみてください。そこにも見つからない場合は、taikyo9@hb.tp1.jp からのメールの受信設定をお願いします（お問い合わせの場合も、こちらのメールアドレスまで）。

オマケのショート動画

←のショート動画は、京都にある世界一美味しいフルーツカクテルを作る、伝説のバー「アイラモヒート」のマスターが、ものすごく氣功に興味があったので、優しく氣功体験させてあげたときのものです（このバーのマスターは、カクテルを愛するあまり、氷にもこだわり続けた結果、現在、お店の半分が製氷所となっています　笑）。

何だか笑える氣功動画4

何だか笑える氣功動画5

あらゆる願いを叶え癒やしてやるぞよ

天岩戸「さとりゲート」をひらけ！

悟りを体得。

第一刷　2024年8月31日

著者　有野真麻
監修　白峰（中今悠天）

発行人　石井健資
発行所　株式会社ヒカルランド
〒162-0821 東京都新宿区津久戸町3-11 TH1ビル6F
電話 03-6265-0852　ファックス 03-6265-0853
http://www.hikaruland.co.jp　info@hikaruland.co.jp
振替　00180-8-496587

本文・カバー・製本　中央精版印刷株式会社
DTP　株式会社キャップス
編集担当　高島敏子

ISBN978-4-86742-401-8

ヒカルランド　好評既刊！

地上の星☆ヒカルランド　銀河より届く愛と叡智の宅配便

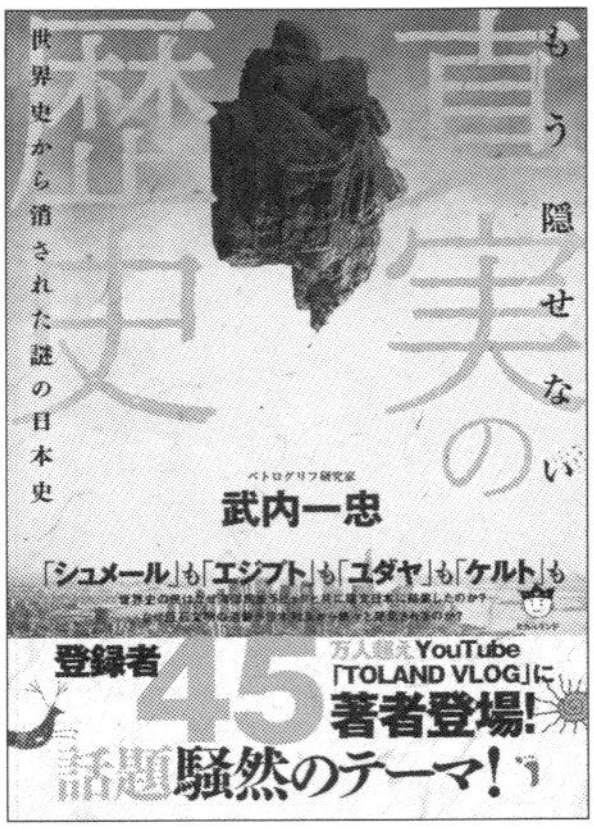

真実の歴史
著者：武内一忠
四六ソフト　本体2,500円+税

盃状穴 探索ガイドブック
著者：武内一忠
新書サイズ　本体1,300円+税

いざ、岩戸開きの旅へ！
古代出雲王国 謎解きトラベル
著者：坂井洋一／石井数俊
四六ソフト　本体2,000円+税

聖徳太子コード 地球未然紀［上巻］
著者：中山康直
A5ソフト　本体2,500円+税